出版人に聞く 11

名古屋とちくさ正文館

古田一晴
FURUTA Kazuharu

論創社

名古屋とちくさ正文館　目次

第Ⅰ部

第Ⅱ部

第Ⅲ部

目次

《付録》

名古屋とちくさ正文館

インタビュー・構成　小田光雄

第Ⅰ部

1　前口上

――古田さん、今日はインタビューのためにとてもよい場所を用意して頂き、本当に感謝しております。ここは古田さんが昔から通っておられるシアターなんですか。

古田　そうです。この名演会館は一九七二年に観客、演劇人、市民など一万人が資金を提供し、建設、開館したもので、ずっと演劇の場として使われてきた。でも近年の劇場環境の変化を受け、二〇〇三年に映画上映を主とする会館へとリニューアルされ、現在に至っている。

――ここは二階の打ち合わせや控え室も兼ねた部屋だと思われますが、シアターは三階ですよね。

古田　三階は一〇五席、それから一階にもうひとつスクリーンがあって、こちらは五〇席です。

――先ほど上映パンフをもらってきましたけど、邦画洋画を問わず、ミニシアターならでのラインナップで、トルコ映画の『蜂蜜』『卵』『ミルク』というユスフ三部作まで含まれている。その他にもフィンランドの『4月の涙』、ポーランドの『木洩れ日の家で』なども あって、これらの映画を劇場で観られるのはすばらしいことだと思いました。

古田 それはここの支配人の方針で、選りすぐりの映画を上映することがこのミニシアターの目的でもある。だからファンも多いし、遠方から通ってきている観客もかなりいます。そういうこともあって、映画監督や俳優も訪れ、舞台挨拶などもよくしてくれる。この部屋も支配人の好意で、使わせてもらうことになったわけです。

2 名古屋の文化的風土

―― それはそれは。本当によろしくお伝え下さい。

これは私事になりますけど、私はずっと春山行夫のことを調べていて、彼のようなモダニストを生み出した名古屋というトポスにとても興味を持ち、馬場伸彦の『周縁のモダニズム』（人間社）や杉浦盛雄の『名古屋地方詩史』（同刊行会）なども読んできました。

そうすると春山だけでなく、多彩な人物が名古屋圏の出身で、江戸川乱歩、酒井潔、尾崎久彌、小酒井不木、森銑三などを始めとして、多くの人々が挙げられる。

それからこれは「出版人に聞く」シリーズで、人文社会書の専門取次だった鈴木書店に関するインタビューも刊行予定ですが、この取次の創業者鈴木真一さんも名古屋の出身です。

古田　確か鈴木さんは岡崎だったと思います。文学、出版関係も多くを挙げられるけど、映画監督もかなりいて、衣笠貞之助、小津安二郎、篠田正浩なども名古屋圏の出身ですよ。

――これは最近風媒社の稲垣さんから、樋口敬二監修の『人物で語る東海の昭和文化史』を恵贈され、読んでみると、意外な人までが名古屋を含めた東海地方の出身であることに驚きました。

それから春山行夫が『名古屋地方詩史』に「序」を寄せ、春山が立ち上げた詩誌『青騎士』による新しい詩、絵画に見られる新しい芸術の運動にふれ、次のように述べていました。それがとても印象的で、古田さんや名古屋とちくさ正文館の文化的ベースにあるものだと思いますので、引用しておきます。

その時代の名古屋にはほかにいくつかの詩人のグループや雑誌があったし、洋画（中略）のグループが生れ、若々しい芸術のエネルギーが渦巻いていた。それは名古屋の青春が自ら生みだしたオリジナルな時代感覚で、よそからの影響が一時的に通りすぎていったというような現象ではなかった。それは青年たちをなんとなく芸術家にしてしまうような奇妙なClimat《クルマ》で、名古屋という都市そのものも、必要な程度の古さと調和した近代性で、その町の若い芸術家にgenuineな（ある点でやりきれないほど律儀な）根性を与えていたと思われる。そしてその根性が延々として今日まで続くことになるのである。

この春山の一文は一九六八年六月の日付で寄せられていますから、春山から古田さんの世代に至るまで、一直線につながっている名古屋の文化的風土を示しているのではないかと思いました。

古田　杉浦盛雄の『名古屋地方詩史』はその一九六八年に限定版が出されたものなのに、よく手に入れましたね。

――名古屋の古本屋の三松堂書店で見つけ、買い求めました。確かに限定５００部で、第23番と奥付に記されていた。

私が個人的に名古屋のモダニズムを調べていたこともあるのですが、この本は六〇年代までの名古屋の詩史なので、北川透の『あんかるわ』まで言及されている。だから古田さんやちくさ正文館のことをインタビューするに際しては不可欠の文献だと思い、購入したわけです。

古田　なるほど、確かにあれを読んでもらえば、名古屋の詩を中心とする近代文化史はまんべんなく押さえられる。少し補足しておくと、『名古屋近代文学史研究』を出している同研究会の木下信三さんたちが、「名古屋大正文学史」を構想しているし、その一端は『愛知県史』の「近代12」の「愛知県文学史年表」などにも編まれている。

それと馬場伸彦の『周縁のモダニズム』は『名古屋地方詩史』のような大著ではないけれど、名古屋の戦前のモダニズムを知るためのコンパクトな一冊だと思います。

——同感です。これは奥付を見ると、今は遠野に移ってしまった風琳堂の福住展人さんが編集されたようですね。

古田　そうです、彼は今名古屋に戻っているはずですが、出版社の人間社はちくさ正文館の近くにあり、高橋正義さんという人が経営者で、現在でも出版を続けています。でも僕たちからすると、類書があまりない貴重な本なのだけど、名古屋でしか売れなくて、とても残念な気がした。

――これで知らなかった様々な人物や名古屋に関する文献を教えられました。その中でも読んでみたいと思ったのが、一九三二年に出された島洋之助編『百萬名古屋』（名古屋文化協会）です。

古田　この『百萬名古屋』はモダン都市名古屋をコラージュ的に描いたもので、当時の名古屋の姿と魅力が映画のように浮かび上がってくる。

これは現在稀覯本になっていて、実際に読んだ人は少ない。それで僕も含めて復刻のための会を立ち上げている。何とかうまく復刻できて、当時のモダン都市名古屋の実像を再現できるといいんですが。（その後、二〇一二年秋に岡本信也さんが中心となって限定復刊された）

3　映画、演劇との関係

――私も『百萬名古屋』はぜひ読みたいと思っていますので、ぜひ復刻して下さい。さて前置きが長くなりましたが、古田さんはちくさ正文館に入る前から、映画や演劇にかかわり、それらの活動と書店員の生活を両立させ、今日に至っているとうかがっています。ですからそこら辺の事情もぜひお聞きしたい。

古田　僕は高校時代から校内で実験映画の上映会を催していた。それで大学に入ってからも、続けて日本やアメリカの実験映画の上映会をやっていた。

――それはどんな映画だったんですか。

古田　アメリカのスタン・ブラッケージやジョナス・メカス、それから同時代に出現してきた日本のアングラ的実験映画などですね。

――でもそれらの実験映画を上映するにしても、それなりの下地というか、小劇場や活動グループの存在があったと思いますが。

古田　六〇年代後半から七〇年代にかけて、新しい映画、演劇運動が東京、大阪、神戸、札幌などで盛んになり、それは名古屋も例外ではなかった。

とりわけ名古屋ではそれらのアングラ集団として、「ゼロ次元」が有名で、その活動とパラレルに名古屋初の小劇場「シアター36《さぶろく》」がオープンし、映画、演劇、アングラ文化の拠点となっていった。

――「ゼロ次元」は当時からよく知られていて、ハプニングなどで全国的に名を馳せていた。

古田 「シアター36」は一九六八年にオープンし、その翌年に「ゼロ次元」が中心になって、反万博イベントが催され、実験映画の上映、ハプニング、ロックバンド演奏をジョイントさせた空前絶後のショーが開かれた。

―― 古田さんはそれにリアルタイムでかかわっていたのですか。

古田 いや、残念ながらその頃は高校生だったので、そのシーンには立ち合っておらず、後でそれを伝説のように聞いているだけです。

でもこのイベントがきっかけになって、「シアター36」が名古屋の映画、演劇、アングラ文化の拠点にして、ミニシアターの嚆矢となり、僕たちもその流れに必然的に巻きこまれていった。

―― 実は私の名古屋の友人がバンドをやっていてドラマーで、高校時代に家出して、「シアター36」に二週間ほど居候していたと話していました。

古田さんの場合は主として映画だったわけですね。

古田 そうです。「シアター36」の活動に刺激を受け、大学などで様々な自主的なアンダーグラウンドや実験映画の上映会が生まれ、それらの映画を観る環境が整備された。そのようなベースから名古屋の映像、映画作家たちが出てくる。

その象徴的な動きが映像作家集団「ＴＦＯ（THE OTHER FILM ORGANIZATION）」の結成で、８ミリによるプライベート実験映画を制作し、バラエティに富み、高い評価を受けた作品も生み出された。

それから七二年になって、大須に「七ツ寺共同スタジオ」がオープンし、演劇、映画、コンサート、講演などが様々に開催されるようになり、その一方で、七三年に「シアター３６」が閉館する。そこで「七ツ寺共同スタジオ」が名古屋小劇場のメッカになっていく。

―― そのことによって、古田さんもそのムーブメントの中に加わっていくことになる。

古田　具体的にいえば、「七ツ寺共同スタジオ」を立ち上げた元名古屋タイムズの二村利之さんたちと組んで、「狼少年牙王社」を結成し、アンダーグラウンド映画を継続的に上映していった。それが七三年で、次第に創作のウエイトが高くなり、僕も『TIJUANA MOODS』などを発表している。

―― それは今でも続けておられるんですか。

古田　僕の場合はフィルムとインプロビゼーション、ノイズのコラボレーションといった手法で、現在でも自分なりのオリジナルな世界を追求し、制作を続けています。

――これらの事情に関して、古田さんは「名古屋派」という六〇年代から八〇年代にかけての映画、演劇見取図を書いておられるし、『七ツ寺通信＋α』でも発言されているので、後者を他の古田さんの書かれた文章や書評、インタビューも含め、巻末に資料として掲載する予定でいます。

その後も名古屋のミニシアターと映画運動は様々な軌跡をたどっていくわけですが、その一方で、古田さんはちくさ正文館に入る。それはどのような経緯だったんでしょうか。

4　ちくさ正文館でのバイトと『千艸』

古田　そのきっかけは一九七四年の春だったと思いますけど、ちくさ正文館で「バイト募集」の貼り紙を見て、バイトとして働くことになった。

――そうすると、古田さんの名古屋におけるミニシアター運動、大学生活、ちくさ正文館でのバイトはまさに「同時代ゲーム」というか、すべてパラレルでつながっている。

古田　それにプラスして、ちくさ正文館でバイトとして入った年の九月に塚本邦雄の講演会が開かれた。

―― 七四年段階では塚本邦雄もまだポピュラーな歌人ではなく、前衛歌人として一部に知られていた存在だったと考えられますが、どうしてそのような塚本の講演会がちくさ正文館主催で開かれたのですか。

古田 それはちくさ正文館が発行していた『千艸』というPR誌に起因している。ここに持ってきましたけど。

―― いずれも作家特集ということになりますね。塚本邦雄、中井英夫、小川国夫、加藤周一となると、書店のPR誌のコンセプトからはみ出している。この『千艸』の創刊事情はどういうものだったんでしょうか。

古田 これはちくさ正文館の創業者、つまり今の社長の親父さん（谷口暢宏・現相談役）がすごく文学好きで、創刊するに至った。これらの前の号は特集形式ではなく、もっと地味なものだった。僕が入った時に第五号の塚本邦雄特集が出され、ほぼ同時に講演会も開かれた。

―― 『千艸』の編集も創業者が兼ねていたわけですか。

古田 最初はそうだったと思いますが、特集形式になってからは出版社のその作家担当

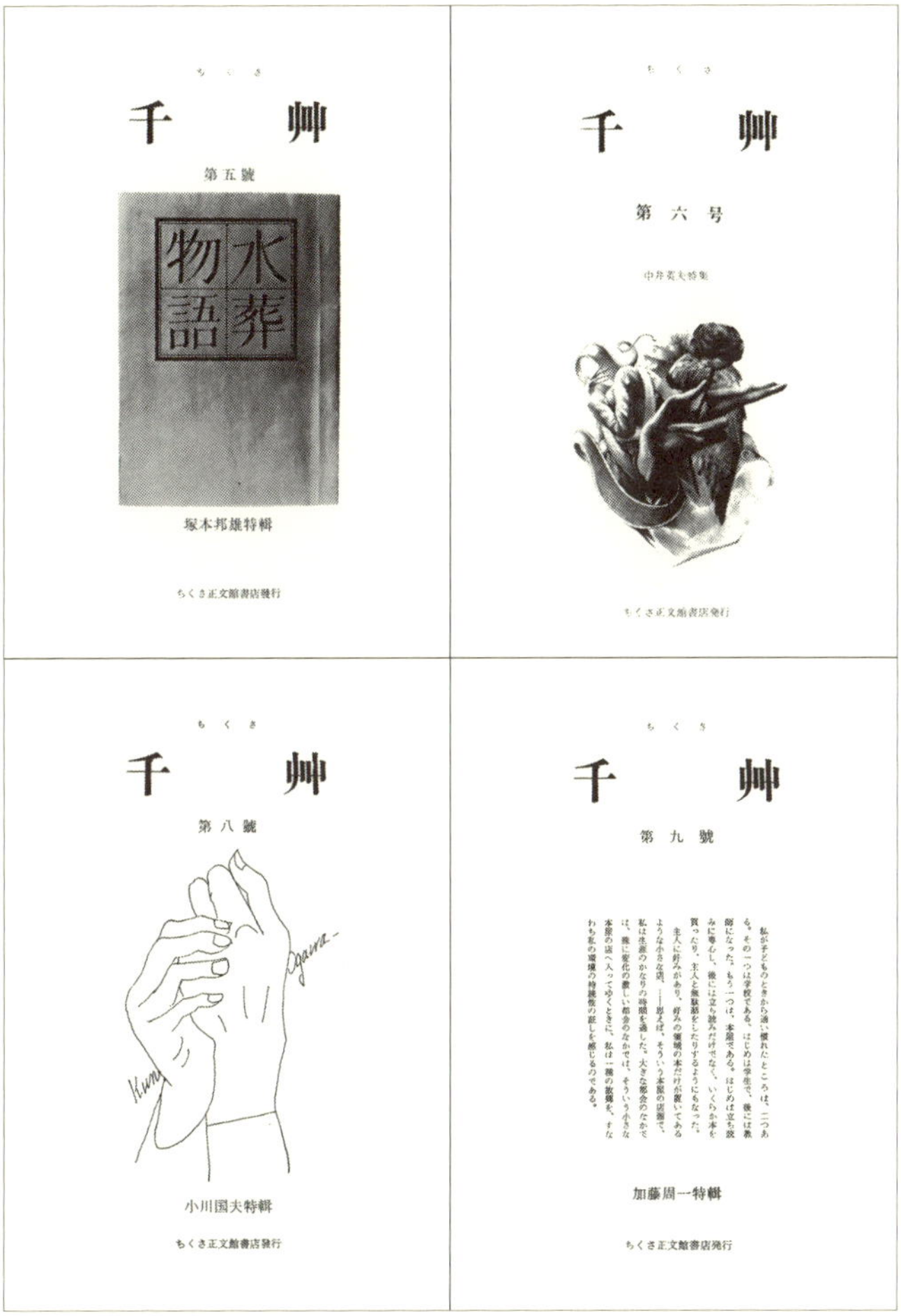

ちくさ
千艸
第五號
水葬物語
塚本邦雄特輯
ちくさ正文館書店發行
ちくさ
千艸
第六号
中井英夫特集
ちくさ正文館書店発行
ちくさ
千艸
第八號
Ogawa
Kuni
小川国夫特輯
ちくさ正文館書店發行
ちくさ
千艸
第九號
私が子どものときから通い慣れたところは、二つある。その一つは学校である。はじめは学生で、後には教師になった。もう一つは、本屋である。はじめは立ち読みに専心し、後には立ち読みだけでなく、いくらか本を買ったり、主人と無駄話をしたりするようにもなった。
主人に好みがあり、好みの領域の本だけが置いてあるような小さな店、——例えば、そういう本屋の店頭で、私は生涯のかなりの時間を過した。大きな都会のなかでは、殊に変化の激しい都会のなかでは、そういう小さな本屋の店へ入ってゆくときに、私は一種の故郷を、すなわち私の環境の持続性の証しを感じるのである。
加藤周一特輯
ちくさ正文館書店発行

者に依頼していた。塚本特集は政田さんという塚本担当の編集者、中井英夫は平凡社の担当編集者が実質的にフォローしてくれていた。

つまりこれはどういうことかというと、ちくさ正文館は六〇年代から名古屋の書店としてはよく知られていたので、出版社の営業もよく顔を見せていた。そこで今度はこういう特集をやりたいので、編集部のほうに話をしてくれないかという話になり、特集形式が編まれるようになった。

――なるほど、それで『千艸』はいつ頃まで出ていたのですか。

古田 これは八〇年の第九号の加藤周一特集で終わりになりますが、復刊の声が今でもあります。

――そうか、終刊が八〇年というのも何となく象徴的ですね。

私は先ほどいいましたが、名古屋の友人がかなりいまして、六〇年代から七〇年代にかけての名古屋の書店状況を聞いたことがあった。それは七〇年代前半でしたけど、誰もがまず第一にちくさ正文館を挙げるわけです。その理由として、東京で絶版になっている本でも、ちくさ正文館ではまだ売っている、東京でもあそこに匹敵する書店は少ないというものでした。

古田　創業者はあまり表に出ることを好まなかった人ですが、出版業界と文学方面に確固たる人脈があって、好きな人文社会書についても至れり尽くせりで揃え、売るという方針をはっきり持っていた。

そうした品揃え、ＰＲ誌の発行なども金銭的に可能だった時代があって、今考えると、名古屋モダニズムの伝統がちくさ正文館にも引き継がれ、流れこんでいたとわかります。

――古田さんが入られた頃、後にきむら書房として独立された木村直樹さんはおられたんですか。

5　ブックフェアと書店の過渡期

古田　彼とは相前後して入社している。僕はふらっとバイトで入りましたが、彼は正社員だった。でも結局は二人とも同じようにフェアを企画していくことになる。

――古田さんのフェアは後でうかがうことにして、木村さんのフェアは弘栄堂の鈴木邦夫が企画したシュルレアリスムの影響を受けたものだと聞いていますが。

古田　僕より少し前の書店の人たちは弘栄堂のシュルレアリスムのフェアにものすごく

影響を受けている。

――それは色んな人から聞いていています。そもそも書店のブックフェアという発想もそこから始まっていて、他の書店でもフェアが企画されていくようになるわけですね。

古田　木村さんも構造主義のフェアをやった時期がある。明らかにシュルレアリスムフェアの影響で、ブックリストも作っていた。

――弘栄堂吉祥寺店は組合問題でもよく知られていましたが、あのシュルレアリスムフェアの反響というのはものすごいものがあったようです。書店だけでなく、広く図書館なども含んで出版業界全体に影響を及ぼした。

古田　僕はそれほど影響を受けていないけど……。それでも木村さんが企画した「エピステモロジーを読む」というブックリストだけは大事に持っています。

――そうなんですか。

当時私が鈴木邦夫氏から聞いたところによると、ブックリストがほしいという申しこみや手紙が殺到したとのことです。全部にはとても応じられないので、返信用切手同封の依頼にだけ送ったと、彼はいっていた。

古田　あらためて思い出すと、シュルレアリスムフェアというのは直接的に木村の構造主義フェアといったものに表れた。つまり弘栄堂でシュルレアリスムフェアをやって話題になったので、ちくさ正文館では構造主義フェアを企画したというところがあった。それはフランス文学、思想のひとつの流行の衣裳の展覧会の印象を受け、その品揃えに感服することはなかった。

ただ僕がちくさ正文館に入った時期は過渡期だったから、書店の側が規模の大小はともあれ、ひとつのテーマを打ち出し、関連書籍も全部リストアップし、フェアを開催する売り方には間接的にすごく影響を受けたことになるんじゃないかな。フェアの内容というよりもその形式に。

――過渡期といわれましたが、その時代の書店環境はどういうものだったんですか。

古田　僕が入った頃はやはりまだ岩波書店が権威を持っていた最後の時代で、それは岩波の全集類に象徴されていた気がする。

バイトで入った当初は何もわからないから、買う側から売る側に回ったことがとてももものめずらしく、色んなことを売るために試みていることがよくわかった。

そのひとつに岩波の全集セットフェアがあって、とんでもなくお客さんがくるわけですよ。しかも実際によく売れていた。でも僕なんかは当時の新しい映画、演劇にふれていたこともあって、岩波文化はもう古いと思っていた側面が否応なくあった。もちろん若気の至りですけど。

それでも僕は七〇年以前の文化が衰退し、次の時代に入っていると肌で感じていたし、バイトで本を売りながら、その両方を見ていたことになる。そこら辺の頭のチェンジはかなり難しかったけど、僕がちくさ正文館の店頭で学んだのはそういうことだった。

岩波書店の出版物は前の時代の完成型のようなところがあるから、これからは今までどおりに売れていくことはないだろう。しかしその代わりに何が売れるのか、何を売っていくべきなのかという問いにもなっていった。

6　七〇年代の社会の変貌

――　そのような書店での古田さんの実感や問いとパラレルに、七〇年代半ばに日本社会は大きく変貌しつつあった。いくつか重要なことだけを挙げれば、第三次産業就業者人口が五〇%を超えるという消費社会を迎えたこと、郊外化と車社会を反映し、コンビニやファミレスなどが出現してきたこと、それにつれて郊外消費社会化が始まろうとしていたこと、それに加えて出版業界でも、それこそ名古屋の三洋堂書店が初めての郊外店を出店したことなどが挙げられ、書店を含め、小売り、サービス業がドラスティックな変化にさらされようとしていた。

古田 だから当時どこまではっきり認識していたのかは心許ないけれど、僕にとってちくさ正文館がそういった時代のせめぎ合う場所として映ったことは間違いないでしょうね。

—— これまでの古田さんのお話をトレースすると、前史として映画、演劇などのミニシアター運動への関わりがあり、その一方でちくさ正文館でのバイトを始めた。

そのちくさ正文館は名古屋のモダニズムの系譜を引く文化的トポスでもあって、『千艸』のようなPR誌の発行、オーナーの文化的意向、塚本邦雄講演会の催事といった本を売るだけでない書店の複合的役割を目の当たりにすることで、その仕事の可能性に様々な興味を覚え、そのまま勤めることになり、今日に至っているということになりますか。

7　書店人生のスタートと同人誌運動

古田　まさにそうですね。それにもうひとつ決定的要因があった。一九七八年に大学を卒業するわけですが、バイトから正社員になってずっと勤めるかどうかの選択を迫られた。ちょうどその時に小沢書店の『吉田一穂全集』の定期講読申込者のリストを見た。これは刊行が遅れたこともあってか、かなり多くの申込者がいて、その三分の一が知人であることに気づいた。

――それもすごい話だ。吉田一穂はモダニスト詩人だし、春山と『青騎士』を創刊した佐藤一英の勧めによって詩作を始めているから、ちくさ正文館とも無縁ではないですし。

古田　僕もそう思ったし、それで背中を押され、本格的に書店人生をスタートさせた。

――もう少し後でと思っていましたが、この際ですので、もうひとつの大きな流れである北川透の『あんかるわ』から『菊屋』に至る詩的ムーブメントにもここでふれてもらえませんか。それらもまた古田さんの書店での仕事やフェアと確実にリンクしているでしょうから。

古田　戦後名古屋にも様々なグループや同人誌が生まれているわけですけど、僕たちの世代に強いインパクトを与えたのは『あんかるわ』で、そこから色々と始まっている。それ以前にも詩人としての丸山薫や歌人としての春日井健の存在が知られていましたが、所謂名古屋のインディーズ系詩誌としての『あんかるわ』の出現は広く影響を与えたと思う。

――一九六〇年代から七〇年代にかけて、『あんかるわ』は吉本隆明の『試行』、天沢退二郎たちの『凶区』、村上一郎たちの『無名鬼』などと並んで、インディーズ系同人誌としてよく知られていましたが、今では知らない読者も多いと思いますので、『名古屋地方詩史』から抽出し、『あんかるわ』を簡略に立項しておきます。

古田　そのほうがいいでしょうね。九〇年代に出された84号で終刊になっていることもあり、名古屋の人たちの記憶からも薄れつつあると考えられますので。

――それでは杉浦盛雄の『あんかるわ』に関する記述を要約してみます。

『あんかるわ』は昭和三十七年（一九六二）十二月、豊橋市の「あんかるわグループ」

から創刊された。同人には北川透、瀬川司郎（山本英夫）、浮海啓（静岡県浜名郡）の三名でスタートし、五号から岡田啓（岐阜市）、吉岡学（名古屋市）、八〇号から別所与一（南知多町）が加入し、浮海啓は八号から退会した。

創刊号の「出発のことば」の中で、「一九六〇年安保闘争後の思想状況に地方的にもひとつの楔をうちこむものとして――あえて、ディス・コミュニケイションを強調し、その上に立って、本質的対話と創造の関係を見出していこう」と書いているように、若い三名の詩人は豊橋という土地に起って、連帯よりも断絶を強調して出発した。

十四号までは同人誌として発行したが、同号で北川は「不可視の創造原理を目ざして、現在の同人組織を解散する」との声明を出し、「今後の『あんかるわ』は、それを欲するすべての人に提供され、作品だけをもって、ぼくらは、真に未踏の対話の関係を生み出そうというわけである。誌面構成者の平等な経済的負担、ぼくらの運動を支えるのはいかなる意味でも個々の自発生だけである」と宣言した。そして昭和四十二年六月に復刊第十五号を出した。

これは一九六八年の記述なので、その後『あんかるわ』は二十年以上刊行され、古田さんがいわれたように、九〇年の84号まで続いたわけです。

8 「全国ブランドの自立誌」としての『あんかるわ』

古田　一九六〇年代に名古屋を中心にして、職場や学校を中心とするグループやサークルによる詩や小説の同人誌が多く出されていく。それは『名古屋地方詩史』にもふれられていますが、それらの中でも『あんかるわ』は別格だと思います。

北川の個人編集に移行してから、地方の詩の同人誌といったコンセプトではなく、本人もいっていますが、「全国ブランドの自立誌」と呼ばれるようになり、多彩な人々の寄稿が集まり、そこから多くの新しい書き手が生まれ、注目すべき単行本が様々な出版社によって出された。これは名古屋文化圏にものすごく刺激を与えた。

名古屋における映画や演劇に関わっていて、その近傍で『あんかるわ』のような「全国ブランドの自立誌」が出されていたのはとても励みになったし、映画演劇関係者の多くもそう感じていたんじゃないかしら。

――そういえば、『あんかるわ』終刊記念講演会は他ならぬこの名演小劇場で開催されたようですが。

古田　あれは確か一九九一年二月で、寄稿者、関係者が勢揃いして大盛況だった。集まった人たちの名前を挙げていけば、当時の名古屋圏文化人脈と『あんかるわ』によった全国的な寄稿者、関係者たちがすべて出揃うはずです。でもそれらの人々を個別に挙げていくと、いちいち注釈をつけなければならないし、話がずれてしまうので、ここでは差し控えます。

ただ幸いなことにこの終刊記念講演会は進行などを務めた詩人の永島卓によって『「あんかるわ」終刊記念講演集』（アトリエ出版企画）としてまとめられている。永島も詩人で、『あんかるわ』の寄稿者だった。

―― 確かこの『終刊記念講演集』を出したアトリエ出版企画は詩集の出版社でしたよね。私も何冊か買った覚えがある。

古田　そうです、それはあんかるわ発行所も同様で、『あんかるわ』の他に全二十冊からなる詩集の「あんかるわ叢書」も出されている。そして『あんかるわ』の別号《深夜版》として、谷川雁、松下昇、菅谷規矩雄の評論集も刊行されています。

―― つまりそれらはあんかるわ発行所もアトリエ出版企画も豊橋市碧南において、出版活動も営んできたことを物語っていますね。

古田　僕らはそれらを書店に置き、売ることで、そのようなムーブメントと併走してきたという自負がある。

――八〇年代までは全国にそのようなインディーズ雑誌を置いている書店が三十ぐらいはあり、それなりに売れていた。

古田　『あんかるわ』ですと、名古屋ではちくさ正文館とウニタ、豊橋だと冬日書房、精文館、豊川堂、岐阜だと岡田書店、その他にも古本屋や喫茶店などでも販売の拠点になっていて、それこそ『あんかるわ』のネットワークみたいなつながりが形成されていた。

――そういう意味では東京や他の出版社も併走していたことになる。かなりの数に及んでいたように思いますが。

古田　それらを挙げてみましょうか。筑摩書房、思潮社、未來社、大和書房、弓立社、白地社、風琳堂などがあり、北川のものだけでなく、『あんかるわ』関係者の著作を刊行し、僕たちも必然的にそれらを売っていく立場にありましたね。またそれらの中でも村瀬学のように新人にもかかわらずよく売れ、大和書房の『初期心的現象の世界』や『理解の

『あんかるわ』
第84号、終刊号、1990年

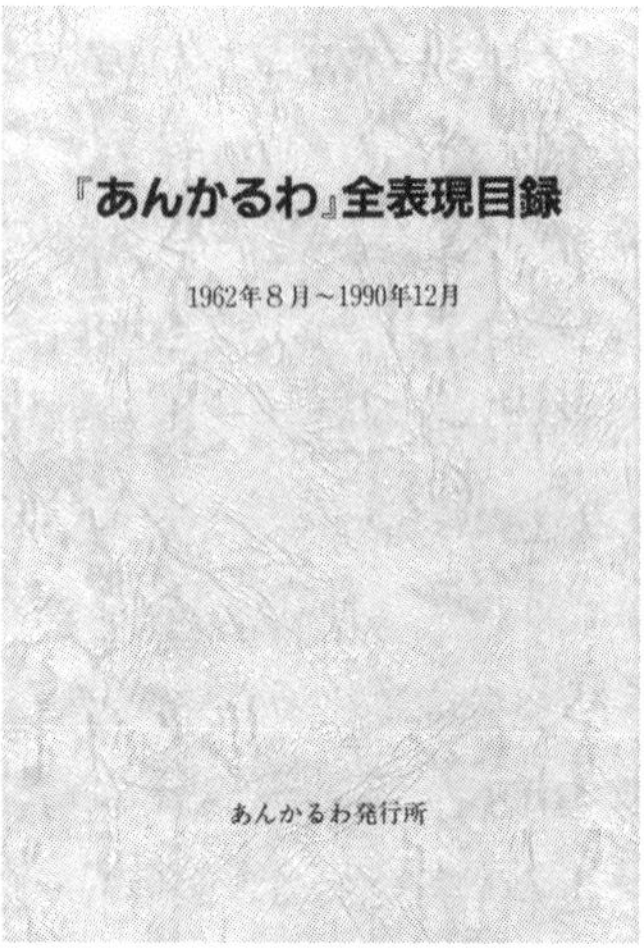

『あんかるわ』
全表現目録、1991年

おくれの本質』はロングセラーになった。これは『あんかるわ』の執筆者としては異例だった。

――それだけ『あんかるわ』が多彩な書き手、寄稿者を有していたことになりますか。

古田　それは声を大にしていうべきでしょうね。九一年に北川透によって、『「あんかるわ」全表現目録』が編まれ、それを見ると、一九六二年から九〇年代にかけて出された全84号分の全執筆者名と寄稿タイトル、別号目録、あんかるわ叢書の明細といったすべてがわかります。

――この『「あんかるわ」全表現目録』を繰っていくと、八〇年代半ばの70号以後から寄稿者、執筆者が増え、出版社の文芸誌とほとんど遜色のない内容の充実ぶりが伝わってきますね。

古田　最後の84号は特別ですが、『あんかるわ』の総集編といった感じがあって、二九六ページ（B5判）で、寄稿者は百人を超えている。東京圏の寄稿者と名古屋周辺の執筆者、関係者がオールスターで出揃っていて、『あんかるわ』という地方の詩的メディアが持っていた影響力とその波紋、存在性がよくわかると思います。これがその終刊号です。

――すごいボリュームですね。束も一センチ以上ある。

古田　この終刊号に北川透が「読者への手紙――『あんかるわ』の二十八年をふりかえる」を書いていて、それによると、詩と批評のメディアとしての『あんかるわ』は六〇年代末から発行＝実売部数が飛躍的に伸び、七〇年代前半には千六百部にまで達していたといいます。

この終刊号には寄稿者たちが様々な回想を書いている。その中の名古屋周辺の書き手たちの言葉を引くと、『あんかるわ』が東海地域の文学思想のあり方に大きな影響を及ぼしたこと、日本のメディアの中に取り残された最後の「村」、土地の精霊を背負ったモノローグを書くことによって開放できる場所としての最後の「メディアの村」だったことが

『あんかるわ』第 73 号、1985 年

述べられている。前者は丹羽一彦、後者は瀬尾育生で、二人とも『あんかるわ』から出てきたといっていい。

——丹羽は名古屋市役所の職員、瀬尾は名古屋工業大学の教師でしたね。

古田　そうです、とりわけ瀬尾は『あんかるわ』から始まって、一九八二年に日本でんまーく社を発行所とする『菊屋』という詩誌をスタートさせ、そのイベントとして「菊屋まつり」を開催していくことになる。

——それは知っています。谷川俊太郎や吉本隆明を招いて講演会、竹田青嗣、加藤典洋、橋爪大三郎の討論会などを催したりもしていたイベントで、弓立社の宮下さんからも聞いていました。

古田　『菊屋』創刊や「菊屋まつり」にかかわった人たちは『あんかるわ』の寄稿者とほぼダブっていますし、これらも『あんかるわ』の落とし子だったと考えていい。それに『あんかるわ』は全国の同人誌とも連係していて、それは第73号の「同人誌を面白くする方法」特集に顕著だった。それから歌人の岡井隆も豊橋にいたから、『あんかるわ』は短歌の世界ともつながっていたことになります。

第Ⅱ部

9　古田、名古屋、ちくさ正文館

――なるほど、これまで古田さんの書店員となるまでの背景、それからの諸事情、名古屋とちくさ正文館を取り巻いている文化的環境をうかがって、このシリーズに登場してもらった今泉、伊藤、能勢、中村氏とまた異なるストーリーがあることがよくわかりました。そしてあらためて、古田さん、名古屋、ちくさ正文館という三題噺といいますか、オリジナルな書店物語をお聞きしなければならないと思います。

名古屋の映画、演劇、詩などの文化運動との絡みはまた後でふれることになるでしょうから、とりあえず書店のほうに戻って、古田さんが最初に手がけた大がかりなフェアについて話して頂けませんか。仄聞するところによりますと、かつてない規模のフェアだったようですので。

古田　それには前史があるわけです。オーナーが『千艸』を出していたこともあって、塚本邦雄の講演会を開いたことは話しましたが、この時はサイン会も兼ねていて、当時はまだ点数は少なかったけれど、塚本の本も揃え、フェア的な展示も当然のことながら試みていた。

現在の通常の書店における作家のサイン会だと、出版社と提携しているので、そこから出ている新刊や受賞作が対象になるから、既刊フェアはどうしても遠慮がちになってしまう。でも塚本さんの場合はちくさ正文館が企画したものだし、また塚本さんも一部で知られていただけでもあり、自由にフェアを組むことができた。これはオーナーの関係から催され、講演とサイン会、フェアの組み合わせをバイトの時に目の当たりにした。書店の仕事として、こういうこともやれるんだと実感しましたね。

――そういう流れがあって、『あんかるわ』の詩人たち、岡井隆、春日井健、福島泰樹たちが後に連なってくるし、『吉田一穂全集』の定期講読者数にも反映されていく。

古田　それから一方で、僕の前任者の木村が企画した構造主義フェアなどがある。それらは僕のバイト時代に試みられたものだったけど、僕が文芸書担当となったあたりで木村は人文書専任を辞め、オーナーも『千艸』を終わりにしようと考え始めていたんじゃないかな。実際に八〇年の九号で終刊になってしまった。

それで僕がそういったフェアや企画に本格的に携わることになった。オーナーは要するに、やるなら徹底的にやりなさいという人なんです。若いこともありましたが、こんな時だからあえてやってみようと思い、色々と試みることになったわけですよ。その中にはとても無理な企画もあったし、半年ぐらいの長い時間をかけたものもあった。とにかくフェアに関して一心不乱に取り組み、他のことが何もできない時期も生じました。

10 「新しい歴史への旅」フェア

——それらのフェアの中で、古田さんにとってターニングポイントというか、決定的だったのは。

古田 「加納光於＋馬場駿吉ブックワークとその周辺展」ですね。まだ、木村が中心ですが、これでブックフェアのノウハウを新たに知ったと思います。それまでは講演やサイン会を伴っていたにしても、著者の本のフェアでしたけど、この企画で、フェアの本のみならず、トータルなブックワークと美術領域にまで広げることができた。美術に広げられ、関連づけられるのであれば、映画、演劇、音楽にも応用できることに目ざめた。

それとこれらのフェア企画を僕が全部やらざるをえない時代に入ってしまったことも大いに作用している。

――その時代の集大成が「新しい歴史への旅」というブックフェアにつながっていくわけですね。

古田 それまでのフェアというのは要するにテーマでくくって、選奨するパターンだった。そのテーマを多領域にして、規模を広げ、さらに講演会をも組み合わせ、トータルに展開してみようと考えた。それが「新しい歴史への旅」で、それぞれの関係の書名を全部リストアップしていったら、一万冊になってしまった。

――それはすごい。店の棚から抜けるものが多くあったにしても、一万冊をフェア用に用意するのはとんでもない力業を必要とするでしょうし、仕入れ条件にも神経を使わなければならないし、場所を確保することだって容易ではない。

古田 根回しが大変でしたね。要するに取次と版元の協力がなければ、とても無理なので、人文会と歴史書懇話会の版元にお願いするために東京にも出かけた。このふたつの会とは非常に親しくしていたこともあって、快く協力してくれた。もちろんフェアの事後報告も含め、こちらもできるかぎりの礼は尽くしましたけど。

――選書は古田さんが一人で担当されたのですか。

古田 基本的には僕個人のセレクションです。それまでの書店の現場で売ってきた本、古本屋で見て記憶に残っている本、それらとベーシックな基本書、版元の推奨本を合わせ、「新しい歴史への旅」フェアにふさわしい本の世界を演出したと思っています。

―― 一万冊の本のフェア展示といったら、かなり広いスペースが必要となるでしょうが、それはどのようにされたのですか。

古田 もちろん一階の売場では無理ですから、二階の事務所、それに文庫、コミック、児童書、教育書コーナーといった部分をとりあえず外し、そこを使ったわけです。それで二階部分の三分の二ぐらいが使えることになった。そのぐらいやらないと、スペースが確保できなかった。

選書、スペース設定も含め、このフェアは様々な方面からの協力を仰いでいますが、あくまで自分で掘り下げ、歴史書を売ることはどういう意味を持つのかとの問いを深く考え、実現に至ったものです。

ちくさ正文館は当時としては百八十坪の大型店に属し、売場の半分以上が人文書を占め、オーナーの方針と歴代の担当者の努力によって、僕が入る前から独自の書店を築き上げていた。そのために人文書出版社との交流や関係も順調で、常備に関しても万全だった。だから中途半端な規模の店、方針が定まっていない店、新規店とは異なり、非常に恵まれた環境にあり、それを当然のようにして仕事をしていたことになる。でもそれらの環境はあくまで僕が築き上げたものではない。だからこのフェアは僕にとって自分なりのちくさ正文館を構築するための試みでもあった。

11 網野善彦+阿部謹也講演会

――そのために講演会もセットとして企画したということになるのですね。

古田 この網野善彦さん+阿部謹也さんの講演会は別の会場を用意し、「新しい歴史への旅」フェアのテーマを包括するような話をしてもらった。僕なりのブックフェアに、オーナーと親しかった塚本邦雄の講演会を見習って、ジョイントさせてみたわけです。

――ブックフェアにしても講演会にしても、ものすごく盛況だったと聞いていますが。

古田 フェアは一カ月やったんですが、よく売れて、講演会との相乗効果も明らかに出ていた。僕としては「加納光於+馬場駿吉ブックワークとその周辺展」がそれまで関わってきた映画や演劇における表現のラインに連なるとすれば、「新しい歴史への旅」は本来の意味での書店と歴史書に焦点を当てたもので、これで自分の書店員としての表現に対する手応えを感じることができた。

――それから外部の様々なイベント、映画上映や演劇上演、美術展や音楽会などと連動し、店でフェアをやるだけでなく、出張販売にも取り組んでいくことになるわけですね。

古田 そうです。あの「菊屋まつり」では菊屋から依頼されて、ゲスト出演者の関連書を僕が会場で売っている。

――外部フェアといっていいのかしら。

古田 量はともかくとして、そんな感じはあるね。

――これまでお話をうかがってきて、ようやく古田さんとちくさ正文館をめぐるオリジナルな物語の輪郭がリニア的に浮かび上がってきたように思われます。僭越ですが、それらを簡略にトレースしてみます。

まず戦前のモダン都市名古屋があり、そこから春山行夫などに象徴される詩＋文学のモダニズム運動が始まり、それが名古屋の様々な文化に影響を与えた。ちくさ正文館自体もそのような文化とつながり、オーナーの発行した『千艸』という書店雑誌や塚本邦雄との交流にそれらが表れていた。

古田さんもそのラインに属し、早くから映画、演劇にかかわり、それらの人脈はちくさ正文館でつながっていく。また一方で、『あんかるわ』を始めとする自立メディアの活動があり、それらの詩と批評の活動も活発だった。そのような流れの中で、古田さんはちくさ正文館にバイトで入り、大学を出てから正社員となり、様々なフェアを企画し、名古屋の映画、演劇、詩と批評に寄り添うかたちで、書店人生を展開していくことになった。

12 人脈と様々なブックフェア

古田 それに色んな人が絡んでいったりしている。人名や出来事を挙げていけばきりがないけれど、出版社としては名古屋に風琳堂が設立されたり、永島卓が碧南市の市長になったり、『菊屋』を創刊する瀬尾育生が名工大のドイツ語教師として赴任してきたりした。そのような新しい流れ、若い世代が中心になって年一回の「菊屋まつり」が開かれ、東京などからゲストを呼んで、五年ぐらい続いた。

―― そのかたわらにはかならずちくさ正文館と様々なフェアが併走していたことにな

る。

古田　今思えば変な時期だったともいえる。色んなものがうまくつながって、花開いたような感じもありました。でもこれは自戒の意味をこめていうんですけど、そういった時代を次の時代へとバトンタッチできなかったような気がする。瀬尾育生とそういう話をしたこともある。

――それはやはり『あんかるわ』が終刊し、北川透も豊橋から下関へ移ってしまったことも大きく作用しているのかしら。

古田　それも大いにあるでしょう。色んな人が集まったけど、様々な事情によって抜けていった人も多い。亡くなった人もいますし。

――そういえば、今は戻っているにしても、風琳堂の福住展人も遠野に越してしまった。

古田　『菊屋』の中心人物の瀬尾育生も転勤もあって名古屋からいなくなってしまった。それに対して、僕とちくさ正文館の立ち位置はずっと変わっていない。同じ場所で本を売り続け、文化状況の定点観測をずっとしてきたことになる。二十年ぶりに店にきた人がいるんだけれども、店がまったく変わっていないことに驚いていた。

そうした人の反応を見ると、定点観測の立場を守り、動いてはいけないんだと思う一方で、時代に合わせて変えなければいけないところ、変えてはいけないところがあることをようやく最近になってわかるようになってきた。昔は時代が変わることに対し、必要以上に身構えていたところがあった。ニューアカデミズムの時代がやってきて、現代思想ブームになり、フランス構造主義がもてはやされた。でも長くは続かなかった。今ももちろんそうした時代の変わり方は続いているし、歴史というものはそうしたものだとわかり、ようやく少し距離がとれると思い始めている。

――それが時代、歴史というものだということになりますか。

古田　ずっと映画、演劇の流れと詩と批評のラインは微妙にちがうと思っていたけど、時代状況の中に置いてみると、同じような影響を受けている。もちろん感性的なものはちがいがあって、それは今でも変わっていないけれども。

13　ブックフェアの変化

――その時代状況の中で書店のフェアを考えると、独自のフェア自体がなくなりつつあるような気がしますが。

古田　これは十年以上前に、ＮＲの三〇周年記念の会の勉強会で話したことがあった。それは出版社連合、オプションつきブックフェアに対する批判的なものだった。書店独自のフェアというものはそれこそ時代状況の中からも生まれてきますが、基本的にはその店の地域性と客層、本の売れ方、担当者の編集力などがクロスして企画されるのが王道だと思う。

しかし書店のナショナルチェーン化、出版社からの情報と検索やデータ依存の傾向が加速したことで、書店の自主フェアがすっかり減ってしまった。それは画面検索にたよってしまい、店頭で積極的に探そうとせず、接客環境がおろそかになっていることに起因している。

もちろん僕たちが新入社員だった頃よりも営業時間が長くなり、担当分野も多くなり、店員同士の情報交換の時間も少なくなり、他店の人たちとの交流もなくなっている現在の書店状況も大いに影響している。

だからその代償行為として、ＰＯＰなどによる「書店員のすすめる本」がとてもはやっているのではないかと思っています。

――なるほど、そういう見方もあるんですね。

古田　それはそれでひとつの販売方法でしょうが、単品ではなく、自分でひとつの分野を掘り下げていくことによって書店員の本当の力が身につくと、僕は確信しているので、「書店員のすすめる本」ブームの行く末が心配になってくる。こういう試みが当たって、ベストセラーが生み出されたことも重々承知しているけど、僕の場合はもともとベストセラーにするとか、ベストセラーをさらに売り伸ばしましょうという発想はいまだに持っていないから。

まあ、僕の場合は特殊なのかもしれないが、これまでずっと自主フェアの試みを続けてきて、いくつもの時代を経てきた。長い時間をくぐり抜け、今の時代に至って何が見えてきたかというと、ほとんどすべてが地続きだったことがわかってきた。

――すべてのフェアの地続きであり、古田さんのかかわってきた映画、演劇、音楽、美術とも地続きだったということでしょうか。

古田　そうだね、商売と趣味に分けられるかもしれないが、僕の場合はそのように分けてしまったのではまずいのではないかという思いが根強くある。

だから余計にお仕着せのフェアはできない。夏の文庫フェア、年末の「このミステリーがすごい」フェア、それから本屋大賞フェア、みんなパターン化し、どこにいっても同じフェアをやっている。そのためにかえって売れない。こういったフェアしか組めないというのは書店の現場の企画力が落ちていることを証明している。それでいて、カリスマ書店員がどこにもいるとされている。本当に止めてほしいと思う。

14　映画と雑誌の多様性

——出版物販売額は一九九七年の二兆六千億円をピークにして落ち続け、今年は九千億円のマイナスになると推測される。これもやはり書店の現場の企画力が落ちていることとつながっていることは明らかです。

古田　その原因は雑誌の衰退と絡んでいるんじゃないかな。あるいは雑誌を読むことの多様性が失われてしまったこともある。

これは時代がちがうといってしまえばそれまでだけど、僕は映画をやっていたこともあって、映画関係の雑誌は全部読んでいた。六〇年代の雑誌は映画にしても演劇にしても、情報も内容もレベルが高かったし、時代と併走していくような感触がみなぎっていた。僕たちが若かった六〇年代はほとんどのことを雑誌から学んだ。

―― それはこのシリーズに登場する予定の水声社の鈴木宏さんもいっていましたし、最近までリトルマガジンの『水声通信』を出していたのも、そのような雑誌の黄金時代の記憶が強く残っていたからでしょう。

私などにしても、雑誌から多くを学んできた。しかもそれは映画関係がそうであったように大半がリトルマガジンです。

古田 それらの映画雑誌の影響で、アートシアター系の初期の映画はほとんど見ていますよ。

―― それはすごい、私のような田舎者には信じられない話です。

古田 いや、それはひとえに名古屋にアートシアターの直営館があったからです。

―― そうなんですか、それは知らなかった。アートシアターは東京にしかないと思いこんでいた。

古田 だからフェリーニの『8½』なんかも全部リアルタイムで見ている。

―― それは驚きだ。だって『8½』は確か六〇年代前半に日本で公開されているはずだから、古田さんは中学生でしょう。

古田　そう、だからガキながらにも大ショックを受けた。これは決定的な体験で、後づけじゃない。『8½』に関してはその後色んな人が様々に語り、詳しい研究も出ているけれど、自分が最初に見た時の衝撃、もしくはファーストコンタクトの印象を超えるものはまずないし、今もまったくないと断言してもいい。

それと六〇年代については六八年がよく設定されているが、僕にとっては六三、六四年が大きな時代の変わり目だった。とにかく文化状況が激変した。

ＡＴＧ（日本アート・シアター・ギルド）は六二年にスタートし、『8½』の他にトリュフォーの『ピアニストを撃て』、ベルイマンの『第七の封印』、レネの『去年マリエンバートで』、ゴダールの『気狂いピエロ』などを公開した。

音楽でいったら、ビートルズやローリングストーンズがデビューし、ビートルズの来日も含め、これも異質な文化が集中的に入ってくる。そして急速に、また広範に浸透していった。映画や音楽だけ見ても、六三、四年というのは大いなる時代の変わり目だった。とりわけ僕にとってはね。

――　社会的には東京オリンピックがあり、東海道新幹線が開通し、こちらもまた大いなる時代の変わり目を迎えていたことになる。でも古田さんは恰好いいですね、アートシアターに通いつめる中学生というのは。
その頃同じ中学生だった私なぞは何を見ていたかというと、ショーン・コネリーの『007は殺しの番号』（現邦題『ドクター・ノオ』）や『ロシアより愛をこめて』ですから、恥ずかしくなってしまう。

古田　いや、ジェームズ・ボンド物の初期の二作も名作だし、アートシアター系の映画とは異なるものとして、やはり六三、四年に上映されていますから。あの二作が日本のエンターテインメント系映画に与えた影響は絶大だと思いますよ。

15　『総長賭博』の上映

――映画のことも話しているときりがないのですが、この際ですから一本だけ日本映画のこともうかがっておきます。それは東映の山下耕作監督の『総長賭博』で、一九六八年の映画です。実は私が上京して最初に見た映画がこれで、確か池袋の文芸坐だった。この映画は評判が高かったので、見たいと思ったけれど、六八年に上映されたきりで、地方では見ることができなかったからです。東京であれば、簡単に見られると感激したことを覚えている。

古田　『総長賭博』は、三島由紀夫が六九年に『映画芸術』で絶賛したことによって有名になったんですよ。編集長の小川徹が三島に書かせたことがきいた。

当時から僕は名古屋の映画関係者の人脈と密接なつながりがあり、その中に名古屋大学映画研究会の連中がいた。それでアートシアター系の映画とはまったくちがうノリの『総長賭博』を『映画芸術』で三島が絶賛したことから、これを上映すべきだとの気運が盛り上がってきた。

それで五つぐらいの大学の映画研究会が共催して企画し、『総長賭博』を上映した。だから東京まで追っかけていかなくても、名古屋の映画関係者は大半がそこで見ているんじゃないかな。

――やっぱりね。

古田　アートシアターから『総長賭博』まで、名古屋の映画環境はつながっていたし、僕にとっても話してきたように、六〇年代は感情移入ができる映画の時代だった。それに考えてみると、アートシアターも辺境映画ばかりで、六〇年代の名古屋も東京も辺境のようなニュアンスも強く、どの映画もそれにふさわしかったような気がする。

―― ちくさ正文館に近い場所で、七九年にウニタを開店する竹内真一さんともその頃から面識があったようですが。

古田 それぞれの映研の設立メンバーが竹内さんたちと同世代だから、みんな知り合いでしたね。

―― おそらく竹内さんも六〇年代の名古屋の文化の中を通過してきたと思いますが、古田さんと同じように書店にかかわっていく。

まあ、ここら辺の話は後ほどうかがうことにして、フェアの話に戻ります。実はこの古田さんへのインタビューは今泉、伊藤、能勢、中村の各氏に続いて、書店関係者として五人目です。ところが皆さんが多くのフェアを企画し、実施してきたにもかかわらず、その資料や明細について、一部を残して保存していないとのことなんです。

古田さんの場合はどうなんでしょうか。できればそのフェアに関してこの本の巻末に資料などを収録し、古田さんとちくさ正文館の三十年に及ぶその歴史をたどることができるようにしたいと考えてもいますが。

古田 一応それらの資料は全部あるとは思いますが、まとまってはいないので、やはり皆さんと同様にちょっと無理ですね。でも確かにいわれてみれば、フェアを続けて三十年以上になるのか。

16　澁澤龍彦と浅川マキのフェア

――最近のフェアで思い入れの深かったものは何ですか。

古田　澁澤龍彦フェアですね。これは名古屋に澁澤のコレクターがいて、澁澤の著書のほぼ全部を揃えていた。それを借りて展示し、フェアを催した。

それから先頃（二〇一〇年一月）名古屋のホテルで歌手の浅川マキが客死した。前日のステージを終えてからのことで、急死だったといっていいでしょう。

――古田さんの友人が関係する公演だったわけですね。

古田　そうです。それで浅川マキ没一年後に白夜書房から『ロング・グッドバイ　浅川マキの世界』（二〇一一年）が出版されますが、それに合わせて友人二人から提供してもらって、「浅川マキ・オリジナルレコード・ジャケット展」を開催しました。数は少ないにしても、浅川マキ関連本コーナーもつくり、追悼の意味もこめて、今もフェアみたいなことをやっている。

――これも昨日、店で拝見させて頂きました。彼女の享年が七十歳近かったことも驚きましたが、私たちの年令を考えれば、当たり前だとあらためて気づいた。

古田　それは同世代だからわかるんでしょうね。

浅川マキは、やはり六〇年代末に寺山の『千一夜物語』に歌手として出たことがきっかけになって、アートシアター系の新宿の蠍座で自作の「夜が明けたら」を歌って、これが秘かにヒットする。それで一九七二年に寺山の作詞した「かもめ」で、広く知られるようになる。でもその後彼女は自らのそうしたイメージを超えるべく、ジャズからロックまで様々なジャンルの人たちと共演し、色んなアルバムを出し、亡くなるまで彼女ならではのオリジナルな世界を歌い続けていた。

実は僕の友人が彼女の自主コンサートを仕切っていたこともあって初期の頃からのつき合いなんですよ。ところが今回は二日間のライブに行けなかった。友人の話ではそろそろ時間になるのにこないなと思っていたら、ホテルで死んでいたとのことです。

――私は読んでいませんが、彼女は確か小説も出していた。

古田　それは講談社から出た『幻の男たち』（没後『幻の男たち＋』として白夜書房より復刊）という短編集で、帯の推薦文は柄谷行人さんが書いていた。これは絶版なので、フェアには入れられなかった。

――それこそこれらの最近のフェアにも象徴されるように、古田さんの企画はずっと地続きで、まさにつながっている。

フェアに関してうかがっていくと、それだけで一冊が終わってしまいますので、わずかしかお聞きできないのが残念です。今回のインタビューの資料にと見せて頂いたフェア人脈チャートも興味深いですね。

古田　これはインタビューの話が持ち上がってから、即興に近いかたちで作成したものです。でもこれではとても乱雑だから、公開できるものではない。もう少し整理してうまく仕上がれば、フェアの背景を理解する資料になるかもしれませんが。

――巻末に収録をとも考えていましたが、残念です。

第Ⅲ部

17　ウニタときむら書房

――さてここでフェア人脈のことも出ましたから、名古屋の書店人脈のこともお聞きしたい。先ほどウニタと竹内さんの話が出ました。八〇年代からはちくさ正文館とウニタは出版社の営業にとって並ぶべき存在だった。

これはあらためていうまでもないかもしれませんが、ウニタはちくさ正文館の近くにある。竹内さんは引退してしまったけれど、ウニタは同じ場所で今でも営業している。

古田　店は近くでしたが、競合するような感じではなく、住み分けていたし、竹内さんとは八〇年代にしょっちゅう会っていたし、今でもウニタの若い従業員とは週一回ぐらい、昼飯を一緒にしたりする。

それに僕は名古屋の単館の三つの映画館で育ってきたから、知らないうちに映画との関係が濃くなってきたと思ってる。そういう意味では書店も単館みたいなのがいいわけですよ。だからウニタのような店があるのはちくさ正文館とのちがいもわかるし、歓迎すべきことなんです。

――ウニタは新左翼系の本、社会科学書がメインで、リトルショップに属するから、ちくさ正文館とカラーがちがう。

古田 それと店売というよりも、大学関係の外商に力を入れていた時期もあって、ちくさ正文館の店売中心とも異なっていた。今はちがっていると思いますが。

――そうですね。ウニタはユニテ名儀で出版も兼ね、フランス語の大学の教科書やテキストも出していた。

古田 元名古屋大学にいた廣松渉やその関連書、翻訳書を始めとして、網野善彦の対談集、演劇書、管理教育批判の雑誌なども出され、店売、外商、出版も頑張っていた。

――そういえば、ちくさ正文館における古田さんの前任者だった木村直樹さんも、八〇年代にきむら書房を始め、こちらも出版も兼ねて、丸山静の『無限に延びる糸』を出している。

古田 丸山静も名古屋出身で、八〇年代は愛知大学の教授だった。木村は自分のきむら書房にカルチャーセンター的機能も持たせ、丸山の神話論講義などを主催していた。

――とすると、きむら書房にはカルチャーセンター的側面もあったことになる。いずれもそれぞれ異なる単館的書店だった。

でもそのようなウニタやきむら書房の立ち上がりや展開も、ちくさ正文館を意識してのことだったと思いますが。

古田　それは否応なくあるでしょうね。木村はちくさ正文館の出身だし、竹内さんもちくさ正文館の映画、演劇、詩と批評といった色彩とは異なる書店像があって、ウニタを始めたと考えられる。木村の丸山静にしても、北川透の『あんかるわ』の詩や批評とはちがうものを提出しようとしたのではないか。そんな気がします。もっともそれらは同時進行中だったから、今になってようやくそのように判断できるようになった。

――外部から見ていると、名古屋の八〇年代は活発で、どこも頑張っているなという印象がありましたが、名古屋の内側の構図からすれば、そのような配置図だった。

18　単館としての書店へのこだわり

古田　それからやはり良くも悪しくもニューアカデミズムブームの影響を受け、それと併走していた。これは否定できない。

でもちくさ正文館とちがって、出版を兼ねるかたちは確かにやってみたいことですが、持続することはとても難しかったと思う。僕のいっている書店の次のシーンが出版やカルチャーセンターであれば、それらの選択は正しかったけど、残念ながらニューアカデミズムの時代はすぐに過ぎ去り、新たなシーンに対応していかなければならない。大変だったでしょうし、そのこともあって、竹内さんは引退してしまった。

僕としては単館としての書店に対するこだわりがあって、ウニタにも書店としての持続と展開を願っていた。

書店の次のシーンということであれば、九〇年代になってナショナルチェーンの書店が席巻してくる。でもそれらの大手チェーン店は要するにシネコンで、大ヒット作を拡大ロードショーするみたいな売り方によって、全国展開していく。

結局のところ、大手チェーン店とシネコンはよく似ているというか、同列のように映る。シネコンで上映されている作品の他にもっと面白い映画があるのに、シネコンに制覇されてしまった地域では見られない。

ただ幸いなことに名古屋はそういうことからすれば、単館がまだたくさんある。演劇や音楽のことでいえば、芝居小屋があって、ライブハウスもある。

――それはひとえに戦前のモダニズム都市名古屋じゃないけど、町の力があるからだと思う。私は名古屋より豊橋のほうをよく知っていますが、他県の周辺の都市と何か異なる趣きが感じられる。ここに丸山薫や岡井隆や北川透がいたのかと考えたりする。それにおいしい店が多いこともうれしい。

古田 そういった町が名古屋には多いし、それがまさに町の力になっている。でもその一方で、イオンを始めとするショッピングセンターもあるし、三洋堂書店やヴィレッジヴァンガードもある。池下三洋堂は廃業してしまったけれど、杁中三洋堂は健在ですし。

――三洋堂書店は、一九七五年に郊外店を出し、それが最初だといわれています。

古田 ヴィレッジヴァンガードも名古屋が発祥で、八七年に開店している。ヴィレヴァンの菊地さんとは筑摩書房の雑誌『頓智』で鼎談したことがある。担当のライターは『菊地君の本屋』（アルメディア）の永江朗だった。

――そうだったんですか、それは見逃していました。ところで書店の単館というのは名古屋にどのくらいあるのですか。

古田 まあ、それは見方にもよるけれど、ヴィレヴァンだって始めのうちは単館だった。

それからこれはたまたま今朝のラジオで話題になっていたけど、三輪哲さんのメルヘンハウス、あれも単館の児童書専門店だね。本当に一店で児童書だけを売っている。児童書専門店もブームみたいな時期があって、どっと出てきた。でもブームが去ると減り始め、ほとんどなくなってしまった。だから三輪さんが本当に一生懸命やっているのがよくわかる。こちらもちくさ正文館の近くなので、お客さんに聞かれたら、あそこですよと案内している。うちの店と共存するのが最も望ましいと思っていますから。

しかも児童書専門店ということでいえば、日本で一番古い店に属するし、こういう店は残ってほしいし、残っていくと確信している。そういった単館の店とは個々のつき合いがそれなりにあり、太いパイプでつながっているところもあれば、たまにしか交流のない店もあったりする。でもやっぱりみんなが持続してやっていたら、何とかサバイバルできるんだという気になるし、常に互いに元気づけられる。

最近は僕たちが何とかやっているといったりすると、元気をもらって帰る人が多い。あなたがまだ頑張っているのだから、自分ももう少しやってみようという気になるみたいなんですよ。それはもっともいかに迷っている人が多く訪ねてくることの証明になってしまうのですが。

ただこれから出版業界、特に書店はどうなるんだと問われた時は問題が生じる。やはり電子書籍のことが騒がれているので、紙の本を売っていく時代が変わっていくのではないかと悩んでいる人も多い。

19　複合店の問題

古田　もちろん僕も確かにそんな悩みを抱えていた時期もあったけど、今は書店の独自性をもっと強調したほうがいいし、それが納得させる近道じゃないかと思い始めている。それに今は複合店が全盛だけど、これから見直しの時期に入ってゆく。

――　複合店はＤＶＤレンタルなどが下り坂になり、それにたよっていた店は凋落の道をたどる一方でしょうね。それこそ三洋堂書店は雑貨、菓子、玩具、中古本、レンタルコミックなどを組み合わせたブックバラエティ化を推進すると発表したばかりです。こういったブックバラエティ化した複合店も単館の思想から外れるわけですね。

古田　そうです。ブックバラエティ化こそはチェーン店を背景にして構想されたものだし、まんべんなく本と雑誌以外の関連商品を取り揃えましたといったコンセプトで、そこには掘り下げていくという発想はまったくない。だからシネコンじゃないけど、宮崎駿がヒットすれば、どこにいっても宮崎しか上映していないことになってしまう。

―― 昔よく金太郎飴書店といって、どこにいっても同じ本しか置いておらず、探している本がないと嘆く声がよく聞かれた。ところが「ハリー・ポッター」あたりから、全国津々浦々の書店にまでこのシリーズがまんべんなく置かれるようになり、金太郎飴どころか「ハリ・ポタ書店」ともいうべき均一、画一的風景に覆われてしまった。その多面積みに掘り下げの発想はどこにもない。このような光景がいつから書店で日常化したのかを問うてみたい気がしますね。

古田 そうでしょう。単館というのは掘り下げ型じゃないですか。だから複合店は単館の思想から外れるわけです。掘り下げていったら、ブックバラエティ化はできない。本屋大賞の時期になれば、当然スーパーの中の書店にまで拡がっていて、確実に置かれている。ところが同時期に出されたそれなりに面白い本は並んでいない。そうした本は単館にいかなければ見ることができない。そんな書店状況になって久しいことになる。

―― それは現在の読者、もしくは消費者の位相の問題へとつながっていく。

古田 まさにそれが問題なんです。本屋大賞受賞作を読んで面白く思う人がいることは確かだろうけど、その人は読者というか、本当の読者にはならないと思う。

―― 前の『謎解きはディナーの後で』を読みましたが、まったく同感です。でもこれが百五十万部に達するベストセラーになっているわけだから、いくら何でも選ぶほうも読むほうもどうなっているんだろうと考えこんでしまった。

古田 でもかなり前から感覚的にはこれが受賞するだろうとわかっていた。長い間の職業的感触もあるのだけど、複合店が書店市場の主流になっていった場合、掘り下げていく作品ではなく、浅い作品でないと売れないというベースが形成されてしまう。しかしそういうことを繰り返しているうちに、本の本当の面白さはそれらの中には見出されないわけだから、当然のことながら売れなくなっていく。

―― ところが全国津々浦々の書店にまでまんべんなく行き渡るから、締めてみたら予想外の返品ということにもなりかねない。

―― その結果どうなったかというと、この十六年で九千億円が失われ、深刻な出版危機へと追いやられてしまった。これは日本だけで起きている特異な出版危機に他ならないわけです。

古田 アメリカの電子書籍問題はどうなんですか。

―― 基本的にアメリカの書籍売上はずっと微増微減で落ちていない。書店不況はアマゾンとのバッティングのために起きていて、電子書籍も影響を及ぼしているにしても、シェアからいえば大したことはない。

古田　日本ではもちろんアマゾンの数字を足してもマイナスなんですね。

――もちろん足してもマイナスです。アマゾンと出版社の直接取引があったにしろ、それは大きな数字にはなっていませんから。

その原因は色々とあるわけなんですが、先ほどからの話でいえば、複合店問題がまず挙げられるでしょうね。九〇年代になって、現在のＴＳＵＴＡＹＡの一四〇〇店に代表されるように、レンタルを兼ねた複合店は本を売ることは二の次となって展開されてきた。もちろん新刊は売っている。しかしそれは取次から配本される新刊や本部仕入れによるベストセラーを並べているだけで、既刊本や独自のフェアなどに取り組むことはなかった。そのことによって多様な読者が生まれなくなってしまった。

だから古田さんがいうように、たまたま話題となった本屋大賞を買う読者ばかりが増えていった。ＴＳＵＴＡＹＡに代表されるレンタル複合店は単館でなく、すべてがチェーン店といっていいから、全部が同じような現象を生じさせてしまった。

20　小さな書店の微妙な個性

古田　そのスピードがすごかった。しかも全部が大型チェーン店だから。昔は確かに金太郎飴といわれたけど、小さな店がたくさんあった。しかしそれでも小さな店ならではの微妙な個性というのがあり、行けばそれなりにみんなちがっていた。ところが今は大型チェーン店化によって、みんな同じになってしまった。

――古田さんのいわんとするところは同世代なので、ものすごくよくわかります。私たちが通っていた六〇年代の商店街の書店は小さかったにしても、今考えてみれば、それなりに単館で、同じ地域にあっても商品構成において、古田さんがいわれるように本当に「微妙な個性」があり、棲み分けがなされていた。

古田　だから今のような検索やデータ依存ではなく、店頭での実売によって書店が機能していた。売ることがきっと今よりもずっとリアルだったし、それゆえに固定客をつかみ、売上の上昇としかるべき安定性を確保できた。

ところがチェーン化していくと、データ依存に走っていく。またコンピュータシステムの進化によって、様々なチェーン店のデータがお金を出せば、すぐに入手できるようになった。そのことによって、販売結果が早く出るというか、早く出過ぎるようになってしまった。

これらのデータに関する僕の疑問は、半年かかってようやく売れ出すものを予測できるのかというものです。僕らが一番しまったと思うのはもう少し我慢していれば、売れ始めの時にもっと在庫を持っていたのにと思うことです。返品したり、仕入れをしていなかった時にブレイクする本があって、そうした変わり目の一瞬をうまくつかまえられなかったりすると、何か悔しいんだよね。

でもチェーン店の場合、そういう発想はまずない。というか、ＰＯＳデータ依存の時代にあって、そんなことはやらなくてもいいよというのが今の時代です。

――まさに本部一括仕入れがそれを象徴している。

古田　そうです。

21 マーケティングの間違い

――私は常々マーケティングが間違っていると思っています。出版業界は本当に小さな商圏にすぎず、いわゆる出版社・取次・書店ルートでの売上は一兆五千億円にも充たない。とにかくミニマーケットであることに尽きる。それからリピート購入商品ではないことが加わる。つまり同じ本や雑誌を買うことはまずない。

データ依存はコンビニのPOSレジ導入から始まり、それが雑誌マーケティングにも応用され、やがて出版業界にも導入されるようになったと見なしていいでしょうが、本の場合は少しちがうのではないか、そんな疑問を持っています。

古田 コンビニと雑誌はいいけど、本に限っていえばちがっている。

例えば、ビールだったらキリンとアサヒとサッポロだとする。そういった組み合わせとシェアはそれほど変わることなく、日々売れ続けていく。だからそういうものに対してのデータ依存は正しいし、マーケティングにもかなっている。

でも書店の場合、新刊だったら一カ月経つと、すべてが変わってしまうじゃないですか。また変わらなきゃいけない。それが日本の出版業界の現実です。そうした現実の中で、自分の店に合った新刊かどうかはこちらが決めるしかない。だってコンピュータは接客もしていないし、お客さんと対話したこともない。要するにその店の個別データは読めていないからです。

――まったく同感ですね。今ビールの話が出ましたので、少し日本酒と酒屋に関する話をさせて下さい。それは同じような定価販売の酒屋と蔵元がたどったこの二十年の歴史は出版業界と対照的に思えますから。

私などが酒を飲み始めた時代は本当に日本酒がまずくて、日本酒離れという言葉があったほどです。それでサントリーの宣伝、販売戦略もあって、ウイスキーを飲んでいた。ところが規制緩和の時代を迎えて、酒屋の品揃えが変わり、それまでは画一的な大手メーカーの日本酒だけが置かれていたのに、インディーズ蔵元の日本酒や焼酎がこんなにあるかというほど並べられていて、それらがことごとくおいしい。昔に比べると、酒屋の光景は天地の開きがあるほど変わってしまい、今こそ酒屋や蔵元の努力によって、日本が誇るべき日本酒と焼酎の黄金時代を迎えているのではないかと思う。そのかわり、そうした営業努力をしなかった酒屋が消えていったことも紛れもない事実です。

ところがひるがえって、書店と出版社のことを考えると、この二十年間というもの、何の進化もない。もちろん郊外店が出現し、複合店ができ、大型化もした。でもそれはハードの面だけであって、そのソフトにあたる出版流通システムの変革は何もなされてこなかったからです。

そのかたわらで立ち上がったのがブックオフ、つまり「本離れ」だから、これだけがかつての酒屋と大手メーカーの日本酒時代に起きた「日本酒離れ」とまったく相通じている。本当に笑い話のようになってしまいますが。

話を出版業界に戻しまして、酒屋の場合は営業努力しなかったところは消えていったと前述しましたが、書店の場合はどうなったのでしょうか。郊外店、複合店、大型店のバブル出店の影響ですね。名古屋の場合の単館というべき書店の動向を含めて、どのような経過をたどったのでしょうか。

22 名古屋の書店の推移

古田 これは影響を否応なく受けざるをえなかったというのが実状ですね。ちくさ正文館の場合も同じで、それらの出店に対して店を大きくした。おそらくこれまでで最も規模が大きくなった。

―― 売場面積の増床ですね。

古田 そうなんだけど、しばらくするとちょっと広げすぎた感じも出てくる。要するに在庫と売上のバランスシートが悪くなり、効果が出てこなくなってしまった。それだけチェーン店の出店が激しく、うちのような単館にもろに余波が及び、パワーダウンの時期に入ってきた。またそれでいて最も忙しい時期でもあったし、一番記憶が曖昧でもある。

―― それはやはり他の出店によるプレッシャーもかかり、様々な対策などに追われていたということでしょうね。

古田 まあ、そう考えるしかないね。

名古屋は三洋堂書店による郊外店発祥の地ということもあり、出店が特に多かった。ずっと平野だから、地下鉄、私鉄沿線の特急が止まるぐらいの駅の全部に郊外店ができてしまった。

他の町もそうだけど、駅から一歩出ると、必ずいい場所に書店があった。都市の場合だったら、駅前の百貨店の中にもほとんど入っていた。

名古屋の場合、地下鉄の駅のそれぞれに地域を代表する書店が必ずあった。しかもそれぞれが共存するような関係だった。それがほとんどきれいになくなってしまった。今でも藤ケ丘に白樺書房が残っているけど、あれも二つの店をひとつに統合したもので、それ以外は大半が消えてしまったのが残念です。

―― それもまたドラスティックな話ですね。でもようやくこの話を聞いてわかりました。今いわれた地下鉄沿線には人文書を売ってくれる書店がかなりあったので、新刊ＤＭを送っていたんですが、次第に宛先不明で戻ってくるようになった。そういうことが起きていたんですね。

古田　本当に全部消えてしまったといってもいい現象が起きた。だから地下鉄沿線も全滅、私鉄沿線も苦戦している。うちがある千種から向こうには数えるほどしかない。何もないというと、ちょっと怒られてしまうかもしれないけど、本当にそんな感じになってしまった。それまであった地域の代表的な書店が何らかのかたちで撤退し、一斉に姿を消してしまったわけだから。ただそれを逆手にとって出店を図ったのが三省堂で、ＪＲと組んで岐阜や宇都宮などの駅ビルに出していく。その場所であれば、郊外店や複合店にも対抗できるということで。

――でもそれは大なり小なり日本全国で起きていた現象だと判断するしかないですね。かくして日本の書店地図は塗り変えられてしまった。古田さんの言葉でいえば、単館からチェーン店の時代に入ってしまったことになる。

古田　地方の小さな書店は壊滅状態になってしまったでしょうね。そしてなくなってみると、僕たちもそうしたところで雑誌や本を買い、育ってきたと今さらながらに実感される。

23　ちくさ正文館への影響

――ちくさ正文館の場合はどうだったんでしょうか。

古田　やはり広げた売場面積を縮小する方針に向かうしかなかった。

要するにうちの場合、一般的な雑誌、コミック、学参は置いていない。これらはすべて近くの支店で売っていますから。それでも雑誌の売上シェアはかなりあったから、雑誌の売れ行きが落ちていくと、他の分野にも影響が出てくる。全体のバランスがとれなくなってしまった。

本当に一万冊を揃えた「新しい歴史への旅」というフェアができたこと自体が奇蹟のように思われ、あのようなことをやれた時代がとっくに去ってしまったのだと実感した。あのようなフェアをやって、お客さんも感動してくれたし、当時としてはすごい売上だったことも思い出した。

――　ちくさ正文館の場合は郊外店や複合店よりもジュンク堂などの大型書籍店の出店がきいたでしょうね。

古田　ボディブローのようにきいてくる。ジュンク堂を始めとする全部揃えるといった大型店が出てくるようになると、様々なジャンルに影響が表れてくる。そうなると回転が悪いジャンルは縮小するしかない。

その時にかなりの見直しをやった。それであらためて人を育てることを大事にし、棚と商品構成は自分の目の届く範囲に限定し、店の特色とよくわかる分野に力を入れることを再確認した。

各分野に担当者を多くつければいいというものではないし、意見が分かれるほうが多い。中途半端なジャンルは弱い。例えば、教育書、コンピュータ書、資格試験物、看護やケアに関するシリーズ物などは弱いから、他の書店にまかせる。もちろん立地とロケーションを含んでの判断ですが、やはり自分が責任をもってやれる範囲が一番いいのではないかという結論に落ち着いた。

24 フェアと澁澤龍彦読者層

――フェアに対する認識も変えたということになりますか。

古田 本当にたくさんやってきたわけだから、時代が変わるにつれてフェアも変化をとげてきた。かつてと今のやり方はまったくちがいますね。

ひとつには巨大フェアはもう終わったというか、できない時代に入ってしまったということです。実は「新しい歴史への旅」フェアの後で、もう一度歴史と国文学をタイアップさせたものをやったことがあった。名古屋の地方史を特集したもので、古地図、すべての地方史も全部集め、それらだけでワンブースになり、とにかくまたしても巨大なフェアになってしまった。そこら辺まででしたね。その後、うちのオーナーも大きなフェアをやれとはいわなくなったし、やはり時代が変わりつつあり、もうそういう時代ではないことを肌で感じていたのだと思います。

——それが八〇年代としますと、それから郊外店と複合店が全盛になっていくわけだから、ものすごく象徴的ですね。

古田　それとパラレルにフェアの中心となるテーマがどんどん稀薄になっていく。ニューアカデミズムブームも終わり、新しい歴史を支えていた網野善彦もスターになり、その挙げ句に亡くなってしまった。網野さんたちは戦後の日本共産党から離反した左翼で、八〇年代から九〇年代にかけてそういった経歴を持つ学者たちのほとんどが亡くなってしまった。

——そういえば、廣松渉が亡くなったのも九〇年代だった。

古田　そうでしょう。それから七〇年代に全共闘運動にかかわり、学者になった人たちがニューアカデミズムを支え、世代交替していくわけだけど、前世代に匹敵する大きな仕事を提出しているのかといったら、はなはだ心許ない。これは読者が変わってきたこととつながっている。

その一例として澁澤龍彦が挙げられる。彼は死んでからの評価が上がるじゃないですか。そこで読者層が変わるんですよ。その前の読者は澁澤の昔のことを知っているというのだけれど、その後の世代というのは澁澤が生きていた同時代を体験していない人たちが圧倒的に増えていく。

それに対して、僕たちは遺作の『高丘親王航海記』までリアルタイムでつき合ってきた世代だから、本当に時代も変わったと思わざるをえない。

―― 確か『高丘親王航海記』を名古屋の白川公園で上演しましたね。あれは何年でしたか。

古田 七ツ寺共同スタジオ20周年記念として一九九二年に天野天街の脚色・演出で野外劇として上演しました。澁澤夫人を始め、四谷シモン、金子國義、それから種村季弘もまた元気だったからきてくれた。澁澤グループを形成していたほぼ全員がきていたんじゃないかな。

そういった試みをずっとやってきているので、結局のところ前世代が亡くなると、次の世代が引き受けるというかたちで継承されてきたイベントの一環のようなものですね。だから僕たちも駆り出される。

―― それに合わせて上演記念の「澁澤龍彥著作展」というフェアをやっていますね。

古田 これはフェアというよりもタイトル通りの「著作展」がふさわしかった。もちろん入手できる本は会場売りもして、イベントも何本か企画しました。

この「著作展」は僕の友達ともう一人の馬場先生で、大体澁澤の著作の九割は持っていて、ほとんど揃えることができた。揃えられなかったのは数点だけだった。それにちょうど『太陽』で澁澤特集をやったばかりで、それが相乗効果をよんだようで盛況でした。もちろん上演のために名古屋にこられた澁澤夫人たちも皆さんお出でになったし。

―― その澁澤の読者ということであれば、没後すぐの八七年の『季刊みづゑ』と九二年になってからの『太陽』の特集の間の五、六年で、読者層が変わってしまったと推測できる。

私が聞いたところによると、河出書房新社の『澁澤龍彦全集』がものすごく売れ残ってしまったようなんです。

古田 店売ではまずまず売れましたけど。好調なので翻訳全集まで出たとばかり思っていました。

―― 文庫の売れ行き状況や新たな人気の高まりをあてこんで、かなり部数を上乗せした結果なのかもしれない。

それで古書業界に流れた。古書業界もまた澁澤本の人気とバブルの記憶がまだ覚めやらずで、全国の古本屋が積極的に仕入れ、店によっては地域の古本屋の中取次のつもりで、一五〇セット買ったところもあったようなんです。だから現在古本屋が握っている『澁澤龍彦全集』は千セット近くあるのではないかといわれている。なぜダンピングして売りさばかないかというと、値崩れのきっかけになり、多くの古本屋に迷惑をかけるので、自粛しているらしい。

古田 なるほど、そこに読者層の変化が確かに表れているかもしれないですね。

―― でも澁澤はまだ全集に間に合ったからよかったと思う。でもそれこそ「著作展」にやってきた種村季弘にしても、もはや全集は出ないし、寺山修司にしたって無理でしょう。

古田 名古屋で清水という人が寺山学会を主催していて、全集の出版をあおっているけど、ぜひ、実現してもらいたいです。種村の著作集に関しては国書刊行会で実現しそうだし。ただ基本的には全集の時代が終わったんですよ。それは同時に岩波書店変わらざるを得ないということを意味している。

25　筑摩書房と田中達治

――それはもちろんそうだけど、最初に古田さんがいわれたように、私たちの世代は岩波書店ではなくて、どちらかといえば、筑摩書房の全集のイメージが強い。

古田　まあ、そうだろうね。僕もこのシリーズ7の筑摩書房の菊池さんの本を読んで、あらためて実感しましたからね。

――やはり、そうでしょう。中学や高校の図書室にあった全集は筑摩書房の印象が強いし、出版業界に入ってからも筑摩の人たちと親しかったこともあるが、私たちの世代の身近な出版社であり続けていた。

なぜそんなことを強調するかというと、やはり筑摩の営業の故田中達治のことにふれておいたほうがいいと思ったので。私は一度だけ、田中を中心とした名古屋の書店の人たちの飲み会に同席したことがありました。その時古田さんはいなかったけど、筑摩の書店営業人脈はこのようにして形成され、そして筑摩ファンの書店員たちも生まれてくるのだなと実感した。

古田さんも田中とは親しかったんでしょう。

古田　彼とは親しかったね。それに八〇年代は出版社の営業の時代でもあり、田中さんだけでなく、有能で魅力のある営業マンもいて、それぞれがその出版社のアイデンティティを体現しているようなところもあった。でもそういった人たちも、時代が変わるにつれて、数少なくなってしまった。

――それにつれて、その筑摩書房も全集の出版社ではなくなりつつある。

古田　文庫の全集の出版社となって久しいからね。それに今は文庫、新書の売上シェアが高く、単行本の勢いがないのは残念だね。

しかし筑摩のそうした変わり方こそが時代の変わり方を表しているし、現在の書店構造を占う鏡のようなものなんじゃないかな。

――それは古田さんがいわれるとおりで、菊池さんにインタビューして確認できたのは文庫、新書へとシフトし、ペーパーバック出版社へと切り換えたので、サバイバルすることができたという事実です。

だから古田さんがこれまで話してくれたちくさ正文館も含めた名古屋の書店状況の変化も、そのまま出版社へとはね返っていたとわかるし、フェアの変貌の推移とも見合っている。

古田　それゆえに次なる書店のありうべきイメージを常に考えているわけです。筑摩書房が書籍出版社からペーパーバック版元へとシフトした。それは書店状況にかなっていたし、サバイバルしてきた。それは事実だろうけど、すでにその次のシーンを考えるべき時期に入っている。

書店を他の商売と比較してみる。例えば、飲食店だったら一週間経つと、食材の鮮度は落ちてしまうし、ファッションにしても次の年は流行おくれになっている。ところがそういう意味において極端なことをいったら、雑誌を除いて本だけの店であれば、一年前とまったく同じであっても、売れスジをキープしていれば、文句を言う人は少ない。

――いわゆる欧米型の書店の場合は本だけを売っているわけだから、日本でも本を売る書店というコンセプトが成立すれば、まだ様々な可能性があるのではないかと思っています。

古田　そう、すでに古本屋があるじゃないかという声が上がるでしょうけど、僕がいっているのはもう少し微妙な差がある本だけの書店なんだけど。

26 常備、長期セットの終わり

――しかし現在の出版流通システムでは本だけの書店はまず成立しないし、取次や出版社との取引条件、粗利益率からいっても難しい。一年間請求が立たない常備寄託制度がありますが、これも六〇年前に導入されたもので、セット内容の問題などもあり、現在にはそぐわなくなっている。

古田 常備に関して僕は完全に駄目だと思っている。だからひどい話になってしまうけど、出版社から常備セットを置いてくれと頼まれても、五年ぐらい放ってあるものもかなり数えられる。すいませんが。

――それに複合店であれば、既刊本を売るよりも新刊本中心だから、常備がうまく当てはまるのはわずかな出版社であって、人文書系版元の場合はまったく機能していない。

古田 僕も前から指摘しているが、NRの長期セットはその典型じゃないかな。

――確かにそうです。NRの長期セットは全盛期には三百セットの注文がきたと聞いていますが、今では何と三十セットしか申しこみがないようです。

古田　それは書店状況の変化に加えて、僕たちのようなところでも必要がなくなってしまった。セットでとらなくても、ベーシックな選書はこちらでできる。その選書に新刊をきちっと揃えておけば、普通の常備セットはいらない。出版社のお仕着せの常備セットをまともに受け入れていたら、単館としての棚づくりの意味がなくなってしまう。

　ただ常備セットが店の特色となり、書店の経営をアシストしていた時代があったことも確かだ。僕がバイトだった頃の新泉社の図書目録巻末の特約書店を見てみると、ちくさ正文館が中部地区で唯一の全点在庫店になっていた。

――そんな時代もあったのですね。

念のために補足しておきますが、ＮＲは新泉社などを中心とする出版協同組合で、ＮＲはノンセクトラジカル、ノーリターンの頭文字をとったものといわれています。でもその理事長だった新泉社の小汀良久も亡くなって、すでに十年以上が経っている。これもまた時代が変わっていることを告げています。

　それにつれて名古屋の書店の変化、及び書店員たちの移動もかなりあったと聞いていますが。

27　名古屋の書店員たちの移動

古田　地下鉄や私鉄沿線の単館ともいうべき代表的書店が消えてしまったことはすでにふれました。その際に郊外店や複合店の出店のことを話しましたが、九〇年代になると大型店の問題が出てくる。それに絡んで人の移動も起きていましたね。

――　確か九〇年代に大手の焼肉チェーンが書店を開いた。

古田　栄のマナハウスです。先日の報道によると、この焼肉チェーンは丸善のあった土地を買い取ったようです。

あれは他業種から見て書店をやってみたいという典型だった。本業のほうで儲かっているから、ちょっと書店もやってみたいな感じが強かった。

――　それにしては大型店だった。

古田　そのためにベテランの書店員が必要になった。それで以前に駸々堂にいた松尾さんが、リクルートされて、名古屋にやってこられた。

――　駸々堂というと京都ですか。

古田　そう、書店員の移動はやはり駸々堂がつぶれたことによって、目立って増えたというのが僕の見方です。東京にいった人たちもかなりいた。

――ブックファーストですか。

古田　そうだと思う。その前に他の店に移っていた人もかなりいた。松尾さんと駸々堂の先輩で、よくできる女性がいた。この人も京都丸善に移った。名前が思い出せないけど。

――私もその女性は知らないな。地方小出版流通センターの川上賢一の紹介で、ブックファーストに移ったという男性のことは聞いたことがありますが。

古田　名前が出てこなくて失礼なんだけど、この女性はかなり力のある人で、名古屋の書店交流の場においても、非常に親密なつき合いがあり、話もレベルが高くて面白かった。でも、東京のブックファーストへ移ってしまったわけです。

――マナハウスのほうはどうなったのですか。

古田　やはりこんなに儲からない商売をやったらいけないということで、あっさり手を引いてしまった。

だからマナハウスの松尾さんに代表されるように、九〇年代の名古屋の書店にはある意味でヘッドハンティングみたいな感じで移ってきた人たちがいて、それぞれつき合いが生じていたといっていいでしょう。
それはマナハウスに相前後して、紀伊國屋、旭屋、ジュンク堂も名古屋に出てくる。今はロフトにもジュンク堂があるから、二店になっている。大型店が五店増えたことになる。でもその後紀伊國屋は名古屋駅メルサに移転し、旭屋は撤退した。

―― 名古屋には丸善も三省堂もありましたね。

古田 でも丸善や三省堂の場合、特に丸善がそうですが、かなり古く、地元の下手な老舗よりも歴史があるから、名古屋のお店だと認識されていて、名古屋ならではの地元志向の範疇に入っている。

―― ところがそうではないマナハウス、紀伊國屋、旭屋、ジュンク堂が九〇年代に進出してきたことになりますか。

古田 そうです。だから丸善や三省堂といったら、名古屋の書店だと思っている。この二店の本社は東京ですけど、東京の名古屋バージョンをつくるのではなく、名古屋特有の消費の傾向をよく知っているので、下手な名古屋の書店よりも抜きん出ているところもある。

―― それは面白い視点ですね。名古屋に限っていえば、丸善と三省堂はナショナルチェーンとは考えられない。

古田 むしろナショナルチェーンのコンセプトとは逆で、地元密着型だと考えてしまう。そのように周囲に認知されているし、それはいいことだ。そういった名古屋書店状況の中に、つまりいってみれば、今まで非常に入りにくいところに、今いった四店が進出してきたわけです。

でも僕はそういった新たな書店の進出を認めたい。どうしてかというと、むしろ読者にとっては刺激になるじゃないですか。異なるレベルの書店がいっぱいあることは、それこそ多様性に他ならないし、読者はかならず従来の名古屋の書店とちがう刺激と影響を受けるはずですから、レベルが上がっていく。名古屋に縛られた思考を揺さぶられることによってです。

―― それぞれ進出してきた書店に売り方の特色はあるわけですか。

古田 筑摩書房の売上データを見ると、どの書店も遜色のない数字が上がっている。でもうちでよく売れている中小・零細出版社になると、まったく駄目で、何だ、これはという気にさせられる。それは非常にはっきり出ているし、逆にいえば、うちの場合は始めからちがう売り方に徹することで共存できることがはっきり読み取れる。

28 名古屋の取次と複合店状況

――なるほど、ちくさ正文館はそのようにして共存し、サバイバルしてきたことになるわけですね。

ところで出店といえば、当然のごとく取次問題になりますが、名古屋は日販のシェアが高かったはずですが。

古田 そう、日販が圧倒的に強い。とりわけ栄一帯は全部日販だった。それで数年前に栄の百貨店にトーハン系のあおい書店が入った。初めてトーハン系が栄に進出した。ところがこの前撤退してしまった。それでそこがブックオフになってしまった。

――二〇一一年四月に開店した名古屋のブックオフのスーパーバザー栄スカイル店のことは私も「出版状況クロニクル」でも書いておきましたが、あおい書店の跡地だとは知りませんでした。

それからいつか誰かに聞こうと思っていたのですけど、あおい書店というのがよくわからない。でも一〇年度の書店売上ランキングでは第一七位、売上高一三九億円、経常利益四九〇〇万円、店舗数四五となっている。これも「出版状況クロニクル」に掲載しておきましたが。

今はどうかわかりませんが、あおい書店は名古屋の熱田区に本部があって、愛知県を中心に複合店をチェーン出店し、今では東京にも及んでいる。しかし私が知っている店はどう見ても書店向きの設計ではなく、ガラス窓から直射日光が棚に当たるので、本が日焼けしてしまい、しかもそのまま差しになったままで返品もされていない。それが一階で、二階はレンタルという構成です。レンタルが儲かっているので、本のことは二の次になっているのかと思うしかなかった。

古田　あおい書店のことはよくわからないし、交流もないので、ただ噂を聞いているだけですね。

――　でも、チェーン展開を二〇年も続けているのだから、トーハンとかなり密接な関係でなければ、ここまでやってこれなかったはずですよ。

古田　そこら辺は本当によくわからない。

ただあおい書店的複合店に対してもそうですが、僕は基本的に複合店に反対なんです。

仮に本とレンタルの二つの複合店があるとする。この両方の分野をきちんと運営するためには二人のエキスパートが必要になる。ところがそれはまずありえない。

だから片方は詳しくても、もう一方には通じていないということが生じてしまう。当然店長としても両方に詳しいことはありえないので、同じテンションでお客さんとの接客や問い合わせに応じられない。

―― それはまさにそうだよね。本にしたって雑誌の担当者に本のことを聞いてもテンションがちがうし、担当者にジャンル以外のことを尋ねてもテンションがちがうのは当たり前だから。

古田 その代わりに今は画面検索ができるからというのが挙げられるけど、それで現場の力がつくわけがない。

本業を決め、それに集中したほうが生き残れる道だと僕は信じている。効率とか色々いわれるが、本気でやっている奴と片手間にやっている奴と比べたら、どちらが残るのかは歴然でしょう。

―― 複合店の場合、両方とも本気でやっているようには見えない。私が経験した一例をいうと、浦沢直樹の新作のコミック『ビリーバット』（小学館）第一巻が出て、新聞に全面広告が出ていたので、その日の昼頃買いにいった。ところが店頭のコミックの新刊のところに出ていなかった。そこで今日の新聞広告に出ている小学館の浦沢直樹の新刊コミック『ビリーバット』を探していると店員に尋ねたわけです。するとその店員はコミックのところを見にいき、見当たらないので取次の週報のコミック発売一覧を確かめ、さらに画面検索をして、しばらくたって、ありましたとバックヤードから出してきた。

古田 それは商品に対する知識と新刊の重要性がまったく欠けていることから起きていることですが、本を売ることに対する基本的セオリーを教えられていないことを告げているんでしょうね。

―― 売れ筋コミックは『週刊少年ジャンプ』と同じようなものだから、荷物を開けるとすぐに店頭に出すのが当たり前なのに、それすらもできていないことに驚いてしまった。

古田 だからやっぱり現場の人の力が限りなく落ちてしまうんですよ。効率と経費節減のためのパート、アルバイト化、画面検索とデータ依存の果てにそういう状況を招いてしまったことは自明だし、書店の現場のあり方の問題になってしまう。

それに現場の人に発注権がなければ、やる気が起きるわけはないし、商品構成も身につくはずもない。だって担当を持たせ、自分が仕入れた本が売れることで、色々なことを学んでいくのが書店の現場のセオリーであり、そのような現場の各分野の協力体制によって、店のイメージと客が感じる印象も形成されていく。

それなのにやる気のない現場の人が接客しているのだから、お客さんは減る一方になる。

―― それを十年以上繰り返したことによって、九千億円が失われてしまったわけですよ。

第Ⅳ部

29　現代の映画レンタル状況

――　また映画の話になってしまうのですが、私が不満なのは日本映画の古典がほとんど見られないことです。私たちはプログラムピクチャーの時代とともに成長してきたし、膨大な数の映画が生み出された。その中には見ているものもあり、見ていないものもある。これだけレンタルを兼ねた複合店があるのだから、それらを見たいと思うのに、一部の巨匠たちを除いて、ほとんど置かれていない。

ＶＨＳ、レーザーディスクもあった時代はレンタル店も映画好きな人がやっていたりして、そういったものも見つかった。またメーカーも何でもビデオ化すれば商売になるというので、かなりマイナーなものまで発売されていた。ところが今の複合店のＤＶＤレンタルにはそうしたものは見つからない。

古田　それは本の状況とまったく同じで、新作中心とデータ依存により、借りられるものと借りられないものの差別化が激しいからですよ。

それで不幸なのは日本映画ということになる。外国映画の場合は日本で見られないものであっても、本国では出されているから入手できる。ところが日本映画の場合、いってみれば岩波文庫ができなかったことで、古典や名作をいつでも見られるような市場が形成されなかった。

――それに今まで話してきたような複合店状況、レンタルＤＶＤ業界事情、映画会社の版権問題が絡んでいるのでしょうね。

古田　だから僕はレンタルにたよらないことにしている。返しにいく暇がないこともありますが、行きつけだった何でもある店がやめてしまったので、それからは自分で集めるしかないと決意した。

――名古屋にはそのようなレンタルの単館のような店があったんですか。

古田　そこは円頓寺の知る人ぞ知る店で、有名なところだった。入手できない、見られないものでも、そこにいけば必ずあるんですよ。だから困った時、どうしてもサンプルが必要な時にはそこにいけばよかった。ところがやめてしまったので、これはしょうがない、自分で集めるかということになった。

それ以後はどこのレンタル店にいっても、僕が見たいようなものはほとんど常備されていない。それはＣＤも同様で、こちらもまた壊滅状態になってしまった。

――どうしてこのような話をしたかというと、私は成瀬巳喜男をほとんど見ていなかった。それでかなり前に限定ボックス版が出て、高かったけれども思い切って買った。それで集中的に見て、これはすごいなとしみじみ思った。小津や黒沢のように語られないけど、成瀬の作品のようにまだまだ見ていない日本映画はたくさんあるんだと本当に実感した。

古田　成瀬も戦前からの監督で、昭和二、三〇年代のものはみんなすごいものね。でもそれらの成瀬も含めた日本映画の名作、古典がふんだんに自由に見られるようなレンタル状況にはない。

――それでまた複合店市場の問題を考えてしまうわけですよ。レンタルを兼ねる複合店はどうしても若い客層を対象とする。レンタル商品もそれにしかりで、当然のことながら本や雑誌も同様である。そこでコミックという強力なメディアが大きな位置を占めるのは必然です。

このような状況の中で、数々のベストセラーが生まれていったと見なせる。例えば、携帯小説がそうでしょう。ところがそれがただ小説が売れただけではなく、ただちにメディアミックス化され、コミック化、映画化、レンタル商品化され、話題となり、さらに売れていく。そうなると小説にしても、コミックにしても、映画にしても若い客層に合わせた即席のものだから、コミックも映画も大半がつまらないものになってしまう。

　そうしたレベルの商品を供給する場と化してしまった複合店問題もあるのではないか、それが一番の問題じゃないかと思うんですが。

30　本屋大賞と『キネマ旬報』読者選出ベスト・テン

古田　だから僕としてはそのような映画の中から面白い人が出てくるということに期待するしかない。映画状況としても、とにかくどんな映画でも製作され、供給され続けなければならない。でもそこに時代性を持った優秀な監督や俳優が必ずいると信じている。またそう信じていないと、次のシーンに進めない。それは映画だけでなく、コミックも同様じゃないかな。
　ただ小説に関しては本屋大賞のレベルまでいってしまうと問題だろうね。映画のことで比較すると、『キネマ旬報』に恒例の年間ベスト・テン特集号がいつも二月に出る。これにはよく知られていると思うけど、「読者選出ベスト・テン」があって、この数年の本屋大賞と比べたことがある。本屋大賞は書店員による投票だけれども、本と書店を愛する『本の雑誌』を背景に成立しているのだから、『キネ旬』のそれと本屋大賞を比べても不都合はないはずだ。

それで結論からいうと、本屋大賞よりも『キネ旬』の読者投票のほうがはるかにレベルが高い。こんなことをいうと、おまえは本屋のレベルが低いといっているのかと怒られるだろうが、事実だからしょうがない。本当にレベルが低いからです。

さらにいえば、本屋大賞は話題性と本の売れ行きだけが問題であって、内容のレベルに関する投票ではない。それに対して、『キネ旬』の読者投票は内容に踏みこみ、きちんと選んでいる。

例えば、ここで上映されているような単館でしか見れない映画でも必ず選ばれている。それは映画ばかりでなく、芝居も同様なんで、面白いもの、内容が優れたものは全部がベスト・テンに入らないにしても、入る可能性があることを『キネ旬』の読者投票は示している。それらの観客は東京で千人、名古屋で百人しかいないかもしれないが、見巧者というのが読者にいて、票を入れてくれるという安心感もある。大ヒットした映画が上位に必ず入ることもないし。

ところが本屋大賞にはそういう前提というものがない。すごく狭いところで、本をダシにして本屋大賞のイベントを目的にしてやっているとしか思えない。しかも最初に十点を選んで、それから決める。そこからさらにノミネートした十点をもう一度全員が読み直し、それで大賞を決めるから、余計につまらなくなってしまう。そんなことをせずに、無差別投票をしないことによって、意外な本が入る余地がない。

―― それはいえる。私は今度の本屋大賞に秋田禎信の奇妙な味の『機械の仮病』（文藝春秋）がノミネートされることを期待していた。秋田は著名なライトノベルのベストセラー作家で、それに「奇妙な味」＋文春からの出版の組み合わせもあり、ひょっとするとと思っていた。でもかすりもしなかったようだ。

31 『本の雑誌』のマンネリ化

古田 『キネ旬』も問題はあるけれど、『本の雑誌』もピーク時の部数が落ち着いて、それを活性化するために本屋大賞を導入したようなところがある。

『本の雑誌』も七〇年代に創刊され、うちでも二十周年の時に記念スペシャルイベントをやり、椎名誠たちのサイン会を開いたことがあった。でもそこら辺がピークだった。最初は直で、それから地方・小出版流通センター扱いで、その看板雑誌になった『広告批評』も休刊になったことを考えると、明らかに『本の雑誌』も影響力が本屋大賞にシフトすることで継続している。

―― でも、一回駄目になってしまったのをサバイバルさせてしまったのも問題でしょうね。

初期の頃は大手出版社を批判し、婦人誌の新年号を茶化していたりしたのに、最近は大手出版社とタイアップしているかのようで、最近では新潮社の特集をやっていた。そうじゃないところから『本の雑誌』は始まったわけだから、本屋大賞もそうだけど、ちがう方向にいってしまったと考えるしかない。雑誌が次の時代のシーンをうまく迎えることは難しいというべきかもしれませんが。

古田さんの考えでは本屋大賞にしても必要でないということになりますね。

古田　僕は書店員は裏方に徹するべきだと思う。特に、今よく新聞広告や雑誌に出てくるカリスマ書店員というのは何なのかと思う。

―― でも今はみんな目立ちたがり屋だから、カリスマ書店員と呼ばれたり、そのように認められるのがステータスになっているのかもしれない。そしてそれが労働条件のよくない書店現場のモチベーションを形成しているとの解釈もできる。ただそれにしても、こんなにカリスマ書店員がいる時代はかつてなかった。

古田　本当に考えられないね。それに書店員を主人公とした小説なんかがいくつも書かれ、次々に出てくる。あれもよくわからない。

ただ僕はそのうちの一冊を実際に読んだことがある。どうしてかというと、たまたま文芸春秋の人が店にその著者を連れてくると連絡してきたので、これは読んでおかなければと思って読んだ。そうしたら意外に優しい文章で、ちゃんと書ける人だとわかった。それで少しその手の小説を見直す気になりましたけどね。

32　図書館の問題

――ここで書店員を主人公とする小説の話が出ました。それで連想したのですが、図書館を舞台とする小説も書かれ、その中にはベストセラーになっているものもあります。これもまた公共図書館という存在がかつてないほど生活に身近になったことの表れでしょうけど、出版業界にとって複合店問題と同様に、図書館のことも大いなる問題であると考えています。もう二十年近く前になりますが、名古屋での図書館大会のシンポジウムのことも思い出しました。

古田さんは図書館について、どう見られていますか。

古田　図書館の生み出したのは膨大な数の利用者であって、あれは読者層ではないと思っている。

――利用者というのは言い得て妙ですね。図書館の人たちはユーザーというけど、利用者という言葉は確かに的を射ていますね。

古田　図書館と利用者の増加はすごいんでしょう。出版業界の凋落と反比例していて、書店とも明暗をわけている。

――七〇年代に比べて公共図書館数は三倍、利用者数は二五倍になっています。古田さんの言葉でいえば、書店とその読者層は減る一方だったが、図書館数とその利用者は増え続けていることになる。

古田　しかしこの増え続けた図書館の仕入れシステムが一番の問題だね。これはいうまでもないけれど、書店の現場において僕たちは一冊一冊を真剣に仕入れている。それは経営的なことからいっても当たり前だが、その一冊の仕入れに、スリップの動き、その本の著者の過去の売れ行き、客層と読者層、広告と書評情報、自分の読後感と顧客との対話などを総合させ、発注している。もちろん新刊配本もできるだけ事前に押さえるようにしている。

でも図書館の現場の本の発注はそれぞれ定まった専門の担当者がいるわけでもなく、主としてＴＲＣの発注システムと『週刊新刊全点案内』の情報によっているのがほとんどで、それに利用者のリクエストが加わっているのが現状でしょう。現場のことは詳しくは知らないが。

――そう考えて間違いないでしょう。しかもその発注に担当者の自負と責任が必然的に備わっていることはまずありえない。民間の書店であれば、仕入れミスを問われるが、図書館の場合はそのような切実感が伴っていない。

他の業界に比べ、返品が自由な委託制であるから、書店の仕入れは緊張感と責任感が足りないといわれていますが、さらに輪をかけて図書館の発注は緊張感も責任感も欠けている。しかもそのシステム化は図書館の数の増加とともに加速し、官僚的に構築されたこともあって、図書館の中枢に存在するのは本ではなく、様々なシステムのような気がします。

33　大学図書館のこと

古田　それはすごくわかるね。

去年の夏、名古屋に関西の大学図書館の人たちが訪ねてきたことがあった。阪大、京大、同志社、立命館などの図書館員が十人ほど揃って店を見てから、お茶を飲んで話をした。それは当然のことながら、図書館と書店の現場の意見交換という感じになり、その後店を見ての感想とアンケートを出してもらった。

そうしたら、書店ではお客さんと話をするんですね、と書いてあった。僕たちが接客して本を売り、お客さんと話をしているのを見て、彼らは驚いたようなんだ。僕のほうもそれにびっくりし、かなりショックを受けた。大学生協の書籍売場も同じではないかと思った。

——つまり同じ本の前線にいても、基本的に書店は小売り業、図書館は無料レンタル業であり、前者は買ってくれる客、後者は無料の利用者を相手にしているから、そのような現場での差異が出てしまう。対面商売である書店とそうではない図書館のちがいがそこに露出しているんだろうね。

古田　そうだと思う。図書館はリクエストを受けても、そこで対話が発生することはわずかしかないんじゃないか。黙って受けて発注し、黙って借りられていく。もし書店で客注が出たら、ただちに在庫を調べ、あればすぐに持ってくるし、なかった時には注文する。それが常連客であっても初めての客であっても、そうしたプロセスの中で話をすることが仕事でもある。だからそれは書店の日常光景であって、驚くには当たらない。

ところが図書館、とりわけ大学図書館から見れば、僕たちが客と話していることがめずらしい。色んな人と話をするんですね、というその一人の感想はそのことを告げているし、それこそ図書館では利用者と話をしてはいけないことになっているのかと思わされるほどだった。

――それはっきりいうと、そもそも図書館市場は公費で仕入れるのだから、書店に比べて真剣ではないことからきているし、同じように利用者も身銭を切って借りるのではないから、書店で自分のお金を出し、本を買って読むという一連の営みが弛緩してしまっているこことを示しているのではないか。

古田　それに加えて、やはりシステム化による検索とデータ依存の加速化だろうね。これが書店を駄目にしていると前述したけど、図書館も同様でしょう。利用者も読者へと育っていかない。図書館員と利用者のコミュニケーションは成立していないから、システムは進化しても、図書館自体が成長するかといったら、それはまずない。それは図書館員と利用者のコミュニケーションによる本をめぐる知の蓄積が形成されなければ、まず不可能です。

――でもそれはナショナルチェーンの複合店にも典型的に表れている。そういった書店で、店員と客が本をめぐる会話を交わしている場面を見たことがありませんから。

古田　現在の公共図書館は複合店と同様に、僕のいう単館の思想を持っているわけではないしね。

――それでもまだ公共図書館は雑誌コーナーを広く持っていないので、本のようには書店とバッティングしていない。

古田　でもその雑誌が今や駄目になっている。

――それもまた日本の出版業界にとって大問題なんです。近代出版業界は雑誌をベースにして組み立てられ、それに書籍が相乗りして稼動している流通システムです。

かつての商店街の書店の外商活動にしても、まずは雑誌の配達から始まり、それに書籍が続いていた。だから大手出版社は雑誌依存だから、かつての中小書店によって支えられていた。しかし雑誌の落ちこみとパラレルにそのバランスが明らかに崩れてしまった。

34 書籍を売らなければならない書店

古田 今は雑誌と書籍の比率はどのぐらいなんですか。
―― 雑誌が一兆円を割り、書籍が八千億円といったところですね。
古田 そうすると、コンビニやキヨスクの雑誌売上を引けば、書店のウエイトは書籍のほうが高い。
―― そうです。
古田 ということは書籍を売らなければならないことになってしまうわけだ。
―― そう、基本的に書店は本を売って、サバイバルを図っていくしかないし、それをどうやって構築するのかが今後の問題でしょう。

古田　雑誌は二四時間営業のコンビニがあるわけだし、こんな時期もあって、もはや伸ばすことは難しい。僕は雑誌担当者にいつもいっている。周りのコンビニを必ず見て、同じ雑誌で競りあう必要はないと。それは書籍のことを主眼としているからで、雑誌の売上比率が高い店の場合、コンビニに囲まれると苦しい。

――　書籍の場合もブックオフ問題がある。

古田　まあ、うちの場合はブックオフで半額や百円で売っている書籍やコミックを置いていないので、ほとんど影響はない。

でもブックオフを回っているマニアの連中はセドリをやるような感じで、とにかくまめにブックオフをチェックしている。

――　ブックオフで携帯を片手にして、百円棚などをチェックしている人たちですか。

古田　そうそう、マニアの人たちはいつも見せてくれるけど、確かに安く買っている。それは実に的確だ。毎日百円でそれなりの収穫を上げている。

これはネットで売る人と売らない人の区別があって、僕が知っているのは売らない人が多いけど。

――　私が聞いているのはネットで売らない人は少数で、大半が何らかの小遣い稼ぎになっているようですが。

古田　まあ、ブックオフもこれだけ歴史があると、かなり詳しい人も出てきて、色んなことをやっていることは間違いない。でも僕のところに見せにくる人たちはうちの固定客だから、競合してはいないよね。

――ゲオの場合はどうなんですか。ゲオも名古屋が発祥のはずでしたが。

古田　ゲオもたくさんあるけど、こちらはレンタルを兼ねる複合ショップなので、それほど書店に影響を及ぼしていないんじゃないかな。

ただゲオもナショナルチェーン化したことで、名古屋でテストして成功し、全国的になったといわれているけど、ゲオの創業者たちにしても、名古屋生まれの人は少ないと思う。ヴィレッジヴァンガードの菊地さんにしても、名古屋の出身ではないし、色々なプロセスを経て、名古屋で様々なファクターや創業運に恵まれ、成功にこぎつけたところも大だろうね。それに名古屋は東京と大阪の間にあるから、名古屋で成功すれば、どちらにもすぐに出ていけることになる。

そういう意味では三洋堂の郊外店も同様の展開をした。三社に共通しているのは名古屋発祥、ナショナルチェーン化、株式上場であるけど、問題なのはこれからだ。

——それはよくわかる気がする。古田さんは名古屋のちくさ正文館にずっといて、定点観測、地元密着型で、この三十年間の出版業界をずっと見てきた。その軌跡は自らの映画や演劇への関わり、名古屋のインディーズ雑誌における詩と批評の動向などを背景とし、それらと併走するように大から小にまで至る夥しいフェアやイベントを展開してきた。それらは時代は異なるとはいえ、すべてが地続きだといわれた。

その一方で、名古屋からは今挙げた三社が台頭し、これまで話してきたTSUTAYAに代表される複合店、新古本産業のブックオフ、丸善やジュンク堂のかつてない大型店によるナショナルチェーン化、公共図書館の増加などが起きていた。しかしそれらの動きとは対照的に出版業界は凋落の一途をたどり、まさに危機の只中にある。これが率直な現在の状況だといっていいでしょう。

そこでこのような状況から、どこに向かえばいいのかを古田さんからうかがいたいし、一緒に考えてみたいと思います。

第Ⅴ部

35　時代はどこに向かっているのか

古田　どんな時代であっても、その社会状況に合わせ、先駆けてやった商売は儲かるものだし、そのシステムも進化していく。出版業界もそうだったと思うんですよ。

このちくさ正文館だって、書店として儲かり、資本蓄積を果たした時代があったのは間違いないし、僕がやった「新しい歴史への旅」フェアにしても、信じられない売上を上げることができた時期も存在した。

僕がちくさ正文館に入った時代は出版業界も成長を続けていて、それなりに利益も上げていた。でもその時にはすでに時代は変わり始めていた。

――それはとてもよくわかります。

ずっと話してきたように郊外店が出て、複合店が生まれ、新古本産業が出現した。公共図書館が増加し、従来の商店街の書店が壊滅状態になった。そこにアマゾンが上陸し、ネット書店が始まり、今は電子書籍が喧伝されている。

またしても時代が変わりつつあることは確かでしょう。でもこれまでの話にも出たように、八〇年代の郊外店時代は終わっている。次に複合店はレンタル不況で、凋落し始めている。新古本産業も本のシェアは半分ほどに落ち、公共図書館の数ももはや微増であろう。おそらくこれらの新しさはかつてのアーケード商店街の書店のように後退していっている。

ネット書店と電子書籍はまだ新しさを保ちながらも、これからどうなっていくのかという時期にある。そういった状況の中において、古田さんはリアル書店でしか見出せない可能性に賭けていると考えていいんでしょうか。

これはもう少し後での質問と思いましたが、先に古田さんのこれからの展望というか、とりあえずのビジョンをうかがった上で、先に進めたほうがいいと判断しましたので。

36　書店の可能性の追求

古田　それは僕の年令という制約ももちろん含んでいるけれど、前にすべてが地続きだといったように、名古屋のちくさ正文館という書店の現場で働いてきて、バイト時代からすると、四〇年近くになるわけです。ここでも最古参に属するし、おそらく名古屋の書店の中でも、オーナー経営者などは別にして、これだけ長きにわたって同じ書店で働き続けてきた人間はそんなにいないんじゃないかと思う。

だから僕の気持として、ちくさ正文館が僕の母体であって、切っても切り離せない関係にある。それゆえに僕は書店にこだわっているし、自分がフェアやイベントで実践してきたような試みは名古屋とちくさ正文館、つまりその土地の文化と店にこられる読者と固定客を背景にして可能だったことになるから、そうした書店の可能性をまだ追求してみたい。


こういう時代だからこそ、さらに本気になって書店を真剣に考え、もう一度原点に戻ることも必要かとも思います。それに本気でやっている書店とそうでないところの差は開くばかりだろうし、中途半端なかたちのところはますますやりにくくなるでしょう。だからこれまでの蓄積を生かすこと、次の時代に向けての人材を育てることにも力を注ぎたい。

―― それはものすごくよくわかります。私も古田さんの書店へのこだわりとその持続を願って止みません。

これはどこの地方都市にも起きている現象ですが、私の住んでいるところも駅前商店街が消滅し、今はふたつの高層マンションになってしまった。すると商店街の中にあった書店を含めた様々な個人商店もすべてなくなってしまい、長年馴染んできた生活インフラが消えてしまった。もちろんそれはナショナルチェーンによる郊外消費社会に包囲されてしまったからです。それでひとつの町という共同体、社会インフラが消えてしまったことを実感した。

この私のささやかな例から想像すると、町の書店は大なり小なりそれぞれの読者がいて、支えられていた。ところが八〇年代からそれらは次々と消えていき、そこに集まっていた読者も散っていき、あえていえば消えてしまったのだと思う。

ましてちくさ正文館の場合は名古屋モダニズムの系譜を引き、長きにわたる文化史の継承と体現でもあり、ぜひとも存続してもらわなければならない。そこにはもちろん様々な困難が待ち受けているでしょうけど。

37　三倍働き若い人を育てる

古田　今の書店の状況はかつてに比べて三倍働かないとやっていけない。そんな厳しい時代だと認識している。とにかく店のルーティンワークをこなすだけでそれだけかかってしまう。だから何度もいったけど、複合店やバラエティストアの場合、いずれの分野も中途半端なままで展開されるしかないと推測できるわけです。それもとてもこわい気がする。

それらのルーティンワークをこなしながら、フェアやイベント、他との差別化も考えなければならない。うちの場合は中規模店だし、ジャンルごとに専門の担当がいるわけでもないので、店長の自分がレジも雑役も兼ね、全体を見ながら運営している。でもベーシックな品揃えに関しては決して手を抜いていない。書店の場合の棚の判断は詩と芸術評論を見ればよくわかる。そこが一番面倒だから、品揃えや選書が店の欠落、もしくは個性としてすぐに出てしまう。だから非常にこわいところです。

ちくさ正文館は人文、文芸、芸術にジャンルをしぼり、どこにもあるものは置かない方針をとっている。それもあって、固定客の層が厚い。だから目的の本以外にも刺激的で、思わず手にとってしまう本をセレクトした棚を心がけ、リピーターとしてのまたの来店を誘うようなインパクトを常に与えたいと思っている。

それといつまでも昔の客層だけを想定していては駄目で、うちの店に合う若い客層を引き寄せる本や雑誌にも常に気をつけ、それらをいち早く揃えていくことも大切です。こういった情報はやはり様々な人脈のネットワークから得られることが多いし、それを活用することで可能になる。しかしそれらに常にアンテナを張り続けるためには、僕では年令的な限界がある。

だから若い人を育てなければならない。これからの書店はそれに尽きる。ある程度、時代の波長が読めて、それを具体的に棚や品揃えに反映させ、継続させて明確な店のカラーに打ち出せる若い人たちの出番だと思う。これからはそういう若い人たちがいる店といない店に二極化していくのじゃないだろうか。

―― なるほど、色々な問題はともかくとして、どんな時代であっても次代の人材を育てていかなければならないという、これも切実な状況にある。

古田 そう、それができないことには書店の将来像が描けない。

―― それも結局のところ、八〇年代以後の書店は出店、ＰＯＳレジ化、画面検索とデータ収集といったハードにばかり目を向けていたので、人材を育てるといったソフトをないがしろにしてきた。そのつけが今になって、急速に顕在化してきた。それが古田さんの本屋大賞批判にも表れていることになる。

古田 本当にそうだね、人材というソフトへの投資はこの十年まったくなされてこなかった。

38　出版流通システムの再構築

――それで問題となるのは人材への投資ができない書店の現在の状況ということになります。いやそれは書店だけでなく、出版社や取次も同様であって、出版業界そのものの構造が問われなければならない。

はっきりいって再販委託制による出版流通システムはどこも利益を上げられない構造になっている。そのためにレンタル複合店が全盛になったのだけど、それももはや限界を迎え、今や流通システムを再構築しないかぎり、出版業界全体が沈没しかねないところまできている。

昨年（二〇一一年）はピーク時の一九九七年から比べて九千億円のマイナスだから、今年はおそらく一兆円という巨額のマイナスに及ぶでしょう。

古田　そんなになるかな。

――そう考えてまず間違いない。

でもこれは世界でも日本だけで起きている出版危機で、戦後の出版業界初まって以来の由々しき事態なんです。二兆七千億円が一兆七千億円に減ったことを、次のように言い換えればもっとわかりやすく、実感できると思います。

それは全員が出版業界に勤めている一族の年収二千七百万円が一千七百万円に減ってしまった。そこには出版社の長男、取次の次男、書店の三男がいて、それぞれが子沢山であるから、この十数年生活が苦しくなる一方で、どこでも口べらしが行われているに等しい。これ以上収入が減ると、三人のうちの誰かが生活していくことができず、一家離散になってしまうかもしれない。その原因はいくつもあるが、出版業界が儲からない旧来のシステムに依存していたからなので、新しい利益が上がるシステムを採用し、一族と各一家の生活を立て直さなければならない。

そうしないと一族がいるがゆえに収入を得ている親戚筋の作家や著者も生活していけなくなり、読者という子供も生めなくなり、少子化をたどり、いずれの後継者も途絶えてしまうであろう。

これが平たくいうと、出版業界とその周辺に顕在化しつつある現象だと思う。

古田　きわめてリアルで、身につまされる譬え話だね。でもそれが事実だと認めるしかない状況の中に、僕たちもまさに置かれている。

―― そうでしょう。これは誰もが否定できない。だからこそ本当に真剣にどこに活路を見出していくかを考えなければならない。

それを書店で考えると、雑誌店として生き残ることはよほど立地条件のよいところ以外難しい。

古田 それはまず無理だろうね。週刊誌や人気雑誌はコンビニと競合するし、ほとんどの雑誌はバックナンバーが売れるわけでもない。

39 時限再販を考える

―― それに雑誌の場合は定期刊行物の性格ゆえに取次の配本に従わざるをえない。とすれば、雑誌の仕入れの主導権は書店側がとれないから、取引条件の改善はまず期待できない。

だから必然的にサバイバルを図るのであれば、文字通り書籍店を選択し、本を売って今より高い利益を上げるシステムに移行することが求められる。そこで私はずっと時限再販を主張しているし、それはこのシリーズ7の筑摩書房の菊池さんも同様なわけです。
書店側にとっても、今の正味と定価設定では粗利と利益は低く押さえられているし、とにかく現在の再販委託制に基づくシステムでは変革のしようがないし、やりづらい。

古田 その話に入る前にいっておきますと、やりづらいということでいえば、僕の長い書店経験からいっても、やりよかった時代は一度もなかった。でもやりやすくなったら、今まで以上にこれは商売になると考え、資金力のある他業種が参入してくるだろうね。

—— もちろんそれはふまえてですけど、時限再販がチェーン店との関係で論じられるようにもなるでしょうが、古田さんのいわれる単館の思想の側面から考えたいと思っています。

筑摩書房の菊池さんの時限再販論、それから日書連の会長の書籍の最終処分決定権は書店側に持たせてほしいという発言も出ていますし、その方向で考えると以外に、これからの書店の展望はあるかといったら疑わしい。実際に本を売って、利益を上げることのできる現場を実現させなければならないところにきている。

これは菊池さんとも話したのですが、現在四〇兆とも五〇兆円ともいわれる出版社の既刊本在庫を時限再販によってリサイクルする。そして書店の正当な利益にかなう仕入れ正味と粗利の設定、及び書店への最終処分決定権の移行をめざす。

40　時限再販の仕入れ

古田　そこでさっきの話に戻ってしまうけど、危惧するのは本は他の商品以上に、どこでも同じものが置ける。時限再販になったとしても書店は本をつくるわけではないから、バーゲン本が全国一律にばらまかれ、またしてもチェーン店のような光景を出現させてしまうのではないか。粗利がとれる好条件の市場になったとすればですが。

それと同時に今の書店状況で、時限再販本の仕入れがきちんとできるかという問題がある。それこそ取次の自動配本と本部仕入れにたよる新刊とベストセラーのシェアの高さ、既刊の自動発注への依存を考えると、実際に既刊本仕入れがまともにできるとは思えない。とすれば、書店状況がトータルで試されることになるし、それに現在の書店が対応、もしくは耐えられるのかという新たな問題が起きていく。そうすると、前の再販委託制のほうがいいという声が大きく上がるようになるかもしれない。

――それも大いに考えられますが、書店市場が仕入れをめぐって、かつてない真剣なものとなり、切磋琢磨のプロの世界になる可能性もあるのではないかと思いたいのです。そうなれば、この「出版人に聞く」シリーズに登場してもらった今泉、伊藤、中村、能勢さんたちも、もう一度書店市場に召喚され、活躍する場が出てくるかもしれないし、もちろん古田さんのような現役にもちがうスポットが当てられるはずです。

古田 それは僕に限っていえば、過分の評価ですよ。

―― いや、そんなことはないでしょう。時代は変わっていっても、その変わり目に際してブリッジとなる役目を果たすべきは古田さんたちだと、私は信じて疑いませんから。それと古田さんは今のカリスマ書店員には無理ではないかと思われているのかもしれませんが、時限再販市場になれば、きっと売れ筋の既刊本を見つけてくる目利きが必ず登場してくると、こちらも確信しています。

古田 本当にそうなればいいけど、カリスマ書店員であるかが試されることになるわけだから、決して甘くはない現実に突き当たる。

―― でもこれは仮にですが、買切の時限再販市場になったとすれば、書店の粗利は現在の倍の四割から五割が保証される。

そうなると、単館の思想から見て、二〇坪くらいでも十分に粗利がとれる本だけを売る書店を今よりも低コストで開店できる。

古田　具体的にはどのようなプロセスをたどるわけですか。

――　これは菊池さんとも話したのだけど、取次は筑摩書房などの「35ブックス」の経験もあるので、時限再販本を流通させることは可能だし、新たに時限再販口座を出版社、取次、書店の三者が設け、その口座を通じて流通させればいいのではないかとの見解に落ち着いた。

出版して、一年か二年経過した本は時限再販本として流通させ、既刊本市場も固定したものではなく、常に流動するものに想定する。そうなれば、新刊のリアル書店ばかりでなく、古本業界も当然のことながら流通販売の対象となり、いわゆる流通販売の多様性も見こまれる。

古田　前に筑摩書房などがテスト的にやった「35ブックス」の大掛かりなものと考えていいのかな。

41　現代の二次市場問題

——そうです。これは古田さんも見ておられると思いますが、八木書店が毎月『新刊特価書籍卸目録』を出している。

古田　僕も持っているし、八木書店からもぜひちくさ正文館でやってほしいと依頼があったけれど、どうも積極的に踏み切れず、これまできてしまっている。

——でもかなり多くの書店が八木書店とこの目録経由で仕入れを行い、ある程度の書店の売上にはなっていると思います。それでも積極的に踏み切れない理由をお話し頂けませんか。

古田　僕としては、二次市場としての八木書店のシステムで流通している本の問題に尽きますね。

商品内容の多様性がないし、毎月仕入れを起こしてある程度の分量を売ることに対する危惧を感じるといったらいいのかな。もちろん売ってみたい本が毎月何点かあることも事実だけど、今ひとつ乗り気になれない。

例えば、最初に話題に上がった名古屋の人間社から出た名古屋モダニズムを扱った『周縁のモダニズム』が八木の目録に載っていることは知っている。定価が二四〇〇円のところ、特価は四八〇円で、二掛けの値段です。

うちの店には常備すべき本で、名古屋の文化史のベーシックな資料だし、欠かせないものだと思う。でもこの本を八木書店からは仕入れられない。それにはいくつかの理由があるので、それらを挙げてみます。

まずちくさ正文館では定価でこの本をかなり売っているし、出版社にはまだ在庫があるので、正規のルートを優先したい。それにもし八木ルートで仕入れたとすれば、二掛けであるから定価で売ることはできず、同じ本でも定価本とバーゲン本が店頭に並ぶことになってしまう。それは避けたいし、定価でたくさん売ってきたものを今になって、平積みバーゲンするのも、お客さんに対して気がとがめるところもある。

――なるほど、それは書店現場の意見としてとてもまっとうな意見だと思います。

42　鮮度と多様性

古田　それともうひとつ重要な問題があって、それは鮮度のことです。この『周縁のモダニズム』の出版は一九九七年で、今から一五年前の出版になる。そうすると必備本であっても必要な読者には行き渡っていると考えられるし、バーゲン本として平積みしたとしても、それほど売れるとは思えない。むしろ棚差しで一年に数冊売れればいいという判断になる。それは名古屋の古本屋にしても同じ意見じゃないかな。だから八木書店でもずっと売れ残っているのだと思う。

この『周縁のモダニズム』の例がすべてではないけれど、僕のような長年の新刊書店の立場から見ると、時限再販本であっても一冊ずつその位置づけみたいなものを測ることから始めるので、新刊以上の仕入れの難しさがつきまとう。

新刊の場合は次々と刊行されることもあって、とりあえず鮮度は保証され、再販委託である。しかも個々の内容はともかく量だけは出ているので、平台にしても棚にしてもスペースが足りないほどだ。

――つまり現在の書店状況からすると、新刊だけで手一杯であると。

古田　だから時限再販本を常に扱うのであれば、専門のスペースを設ける必要が生じる。この頃それこそ複合店などで、倒産した出版社の本をワゴンなどでバーゲンとして売っているのをよく見かけるけど、あれはまったく駄目だと思う。

――私もそれを見ていますが、まったく売れていないようです。スーパーの催事場で、実用書や児童書に特化したバーゲンであれば、まだ見ている人、買っていくひとを見かけるけど、複合店のワゴンセールは見ている人もほとんどいなくて、半年経ってもわずかしか売れていない感じです。

古田　それも鮮度の問題の難しさでしょうね。新刊書店にバーゲン本を置くと、倒産や返品不可のことを客側が直接知らなくても、どうしてもマイナスのイメージがつきまとってしまう。他の分野であれば、「訳あり商品」バーゲンがプラスに転化したりするのに、本の場合に限ってそれはないと見たほうがいい。

もっとも鮮度の問題は新刊にもずっとつきまとっているものだし、本の寿命とも結びついている。例えば、文庫の復刊という企画があって、岩波文庫が最初に始めた頃はよく売れたが、今ではマンネリ化してしまい、普通の重版と変わらない企画になってしまった。

文庫復刊で鮮度があったのは角川文庫の復刊まででしょうね。

―― あの金色のカバーをつけた復刊ですか。

古田 そう、もう二〇年以上も前の話になる。

―― 確かにあれ以後、文庫の復刊があっても話題にもなっていませんね。

古田 それはどこかに鮮度の分岐点があったんじゃないかと思う。文庫の復刊ばかりじゃなくて、かつての人文書のロングセラーの重版がばったり止まってしまう。そのことで経営が苦しくなった出版社もあると聞いている。

そのような背景があって、人文会が「書物復権」という定期的重版を共同でやっているけど、鮮度に関してはまったく駄目で、かつて備わっていた面影の復権はできていない。出版社やごく一部の大学の教授たちが需要があるはずだといくらでもいえるかもしれないけれども、ある程度の読者層がいないと、それらの復刊ですらも売り切るのに何年もかかってしまう。だから確実にロングセラーやベーシックな本の売れ方や浸透の仕方が変わってしまったね。

―― それはやっぱり八〇年代からだと思う。私の持論である八〇年代における書店も含めた郊外消費社会の隆盛によって、確実に変わってしまった。

古田　郊外消費社会化に合わせた書店における複合的な要素も大きい。ポスレジ、レンタルの導入、新刊点数の増加とそれへの依存、文庫や新書のシェアの高まりといった複合的なものが出揃った時期が八〇年代後半から九〇年代にかけてで、そこで本の売れ方、浸透の仕方が変わってしまい、それが現在にまで及んでいる。

――そのような書店動向を受け、人文系出版社もかつての既刊本シェアが年々低くなり、筑摩書房やみすず書房にしても、新刊が売上の七割ぐらいを占めるようになったんじゃないかと思います。

それとパラレルにブックオフ問題、及びアマゾンの上陸も大きい。すべてが絡み合っている。

古田　その挙げ句に本を捨てることが日常化してしまった。捨てる技術に関する本はよく売れ、ベストセラーになっている。でもそれがいっぱい捨てられて、ブックオフでも売れていない光景を見るけど、本当にギャグにもならない。笑ってしまうけど、冗談に捨てる技術に関するコーナーをつくろうとすれば、すぐにできるくらい点数がいっぱい出ている。

――これらの複合的な現象は明治から営まれ、構築されてきた本についてのイメージが崩壊してしまったことを示しているし、それはまた戦後の再販委託の流通システムの限界を告げている。再販制が出版社、取次、書店、読者という共同体を維持するための固定価格システムであったとすれば、もはやその共同体は崩壊してしまったのだから、システム自体が完全な空洞化を迎えている。

そこで話は戻りますが、それに対して時限再販が提起されることになるわけです。

43　時限再販と再販委託制のメリット比較

古田　僕のほうも元に戻すと、時限再販が今の再販委託制よりもメリットがあるのかという問題を考えなければならない。再販委託制がいくら空洞化し、駄目になっているからといって、時限再販に移行すれば、すべてが解決するかといえば、そんなことはないのであって、そこらはまた異なる難しい問題が色々と生じると思う。

――そこら辺を忌憚なく話して頂けませんか。

古田　時限再販が既刊本を対象とするので、鮮度にまつわる問題をまず提示しました。もちろん時限再販は買切と仕入れ正味など大きな問題を含んでいることは承知しているけれど、僕はずっと現場の人間として、毎日新刊と向き合ってきたから、このことにしぼって考えるべきでしょう。だから新刊をメインとするリアル書店から見た時限再販ということになる。時限再販の導入は新刊と時限再販本の併売のかたちをとることになる。

この併売のかたちはブックオフのスーパーバザーでやっている中古本と新刊書店の組み合わせ、平安堂などが始めた古本売場の導入と異なったものだと思う。前者はブックオフ＋新刊書店、後者は古本屋＋新刊書店、それに対してブックオフと古本屋を併合させ、新刊書店も兼ねている業態も出てきて、これらも中古本、古本との複合型新刊書店のひとつのバリエーションと見なせる。純然たる古本屋のこともありますが、ここではふれないでおきます。

―― 神田の三省堂がやっているのも新刊書店＋古本屋で、完全に併売店へと移行している。その他にも有隣堂やフタバ図書といったチェーン店も古本売場を併設しているし、ジュンク堂なども倒産した小沢書店の文芸書をバーゲン本として売っていた。これらが時限再販の動向とつながっているかどうかは別にして、かつてない古本と新刊の併売風景が見られるようになってきているのは事実です。

古田 古本売場の併設は古物商の鑑札を持っていれば誰でもできる。ちくさ正文館でもいつでもできる。オーナーが鑑札を持っているから、看板を出し、コーナーを設け、ネット販売も含めて、ただちに実現も可能です。ただそこで問題なのはその人材がいるかどうかで、それがものすごく難しい。仕入れや販売価格はそれこそデータに依存すればわかりますが、売場そのものを長期的に維持するオペレーションができるかというと、とても疑わしい。それはそれでプロの世界だと考えられるからです。

それと同じことが時限再販本にもついて回るような気がする。

――そこら辺をじっくりお聞かせ下さい。時限再販本に関するある程度のまとまった見解、仕入れや販売をめぐる具体的な提案などはまだ提出されていないと思われますので。

古田　まず現在の新刊と棚づくりと平台の関係からいうと、平台は新刊、それぞれの分野の棚差しにしてもベーシックな品揃えに鮮度の高い本を加えていくことで、店全体の品揃えが維持されるように心がけている。

だからこそ鮮度が落ちてしまっている出版社のお仕着せの常備や長期セットを断わっているわけです。それと同様に、棚も絶えず鮮度を保つようにチェックし、入れ換えていかなければならない。

それに対して、ブックフェアは新刊中心ではなく、ある分野やテーマを深く掘り下げることを目的としているので、既刊本やそれまで置いていなかった本などを揃え、オリジナルな本の世界を出現させようとする。

――それはちくさ正文館の店売を見て、すぐに納得させられるものですね。

古田　これを可能にしているのは鮮度が落ち、ロングセラーが失われつつあっても、再販委託制によって自由に仕入れができるからで、新刊と既刊分を合わせれば、五〇万点以上に及ぶ本のストックがあることによっている。つまりそれらのことによって書店での販売やフェアの多様性が保証され、僕たちはそのようにしてやってきた。それが良きにつけ悪しきにつけ、僕たち書店の人間が等しく過ごしてきた現実である。でもそれが行きづまっていることも間違いなく現実であることも確かだ。

そこで時限再販のことに目を向けてみると、先ほどふれたように「35ブックス」みたいなものしか出版社の側からは提案されていない。あの企画が問題なのは点数も少ないことに加え、多様性と継続性が何も示されていないことです。一過性のフェア的なもので、棚である程度の時間をかけて売っていくという書店での販売が反映されていない。

それは八木書店の目録とも相通じていて、掲載されている本が鮮度も含め、商品、銘柄、読者層のことを考えても、魅力がないことに尽きてしまう。何とかセレクトしても二、三十冊で、それらも本としてのつながりがほとんどないから、一冊売ればそれでいいという感じだから、とても仕入れる気になれない。

書店に長くいると、新刊の鮮度の重要性が身に沁みている。書店の最大の楽しみは新刊の箱を開けることだとよくいうけれど、それは読者もそうであって、新刊との出会いを求めて書店にくるわけです。またそうであるからこそ書店が成立している。それゆえに僕は利幅はあっても、時限再販やバーゲン本を扱う気になれない。やはり新刊の魅力を優先してしまう。

もちろん既刊本がすべて駄目だといっているのではなく、しばらく前の本でも丹念に拾い、新刊と同様に売る試みはしている。実際に棚に置くことによって、ちがう輝きを見せる本も多くあるわけだから。それはうちがセレクトショップをめざしているからですけど。

―― ちくさ正文館のようなセレクトショップでも時限再販本を継続して売っていくことは難しいということでしょうか。

古田 いや、そこまで言い切れないし、そういう方向に進んでいく面白さもあると考えてはいる。でもそのリアルな感触が実感として浮かんでこない。それは新刊の中で三十年以上過ごしてきた事情も大いに影響しているからね。

ただ併売に関してだけど、今は大型店化しているから、五〇〇坪くらいの書店はいくらもある。その中で古本を五〇坪とすれば一割が併売コーナーとなる。そこで粗利は新刊よりも稼げるとしても、買切と仕入れと在庫問題が新刊とは異なるリスクを持っている。一割ぐらいの場所を割いても、それらも含んで古本の売上が全体に寄与するかどうかは個々の店によって様々だろうし、新刊売場のように返品して止めてしまうわけにはいかない。

もちろん思い切って五〇〇坪のうちの二五〇坪を古本にしてしまえば別だろうけど、どこもそこまでは踏み切れないし、またそこまでやってしまえば、新刊書店のアイデンティティが問われるし、新刊の売れ行きにも影響が出てくるだろうしね。

44　出版社と書店のギャップ

――なるほど、古田さんの長年の書店人としての古本と時限再販についての意見をうかがい、時限再販に関する出版社と書店のギャップがよくわかりましたし、日書連の会長の最終処分権を書店に与えてほしいという発言があっても、時限再販に対する具体的な話が進んでいかないのはそうした背景があるからですね。

古田　そうだと思います。最近になって、取次も再販委託制の見直し発言を繰り返すようになってきていますが、こちらのほうもやはり具体的に進行しているわけではない。やはり書店からすれば、現在の再販委託制と本や雑誌の新刊依存の環境から抜け出せない。それは無理ないと思う。半世紀近くこのシステムにどっぷりつかってきたわけだから。

――　でもそうはいっても、このままのシステムを続けていけば、本当に沈没してしまうのは見えていますし、出版業界自体の体力がどこまで持つのかわからない段階に入り始めていることも確かです。

古田　それもよくわかっているし、僕が時限再販に関して疑問を呈したのは書店側の考えや事情を踏まえた上で、時限再販に関する論議がなされているかは疑問だからです。出版社は時限再販にして正味を下げれば、書店の利益率はそれで上がるから、現在の状態からは前進するし、書店にとってもメリットがあると勝手に考えているようだけど、僕がいったように、アリバイ工作的な時限再販はむしろ書店側にとって迷惑だと認識したほうがいい。そのための労力を考えれば、少しばかり利幅がとれたとしても、労力と手間暇がかかるだけで何のメリットもない。

――それは出版社側が大いに反省すべきところだと思います。それでは古田さんにとって、もっとも理想的な時限再販とはどのようなものであるのでしょうか。そのイメージをうかがわせて下さい。

45 時限再販における自由な仕入れの可能性

古田 それは少なくとも現在の仕入れの多様性を保証し、なおかつこれまで以上のマージンが確保できるものでしょうね。

前にいったように新刊は別にして、ベーシックな品揃えと鮮度の高い本、テーマを深く掘り下げる独自のフェアにかなった多様性のある流通、マージンの確保が保証されれば、自ずと販売の多様性も生まれてくる。もちろんそれは再販委託制とは異なるシステムになるわけだから、混乱や戸惑いは生じるにしても、現在と同じ仕入れの多様性が実現できれば、時限再販市場に移行していく可能性は大でしょうね。ただ問題なのはその多様性を出版社も取次も実行できるかでしょうけど。つまり実行のスピードの問題が前提となる。

――なるほど、よくわかりました。要するにこれまでのような彌縫策ではなく、仕入れの多様性を保証する大規模な時限再販をスピードを上げて実現することがさし迫った問題ということになりますね。

古田　やはり何度もいっているように、中途半端が一番いけないわけで、ここまで危機に追いやられてしまっているのだから、今が変わり目であり、今こそ変わらないと後に続く者がいなくなってしまうかもしれない。

――ずっと古田さんの話をうかがってきて、そのキーワードが時代の変わり方であるとわかりました。でもそれはちくさ正文館からの定点観測によれば、すべてが地続きであるという視点も含まれています。

これらのことをお聞きして、やはり映画のことが思い出されました。映画のことから始まり、映画で終わるのも、古田さんにふさわしく、また一興かと思いますので、それを挙げましてインタビューを閉じさせて頂きます。

その映画はマキノ雅弘監督、高倉健主演の「日本侠客伝」シリーズで、これは六〇年代から七〇年代にかけて一一本が製作されています。その社会背景は大正時代で、旧来の秩序に基づく義理と人情の世界と新しい自由競争に依拠する世界との対立を描いたもので、まさに時代の変わり目を描いている。もちろん主人公の高倉健は旧来の世界に生き、それを守るために闘うわけですが、時代の勝利者は新しい世界を代表するアンチ・ヒーローの側にあるわけです。

この映画にならっていえば、私たちは旧来の世界にいて、新しい世界へと移行しつつある時代の変わり目にいる。しかしもはや「日本侠客伝」が製作された六〇年代ではないわけだから、旧来の世界に殉ずるわけにはいかず、どうやっても新しい世界を模索していかなければならない。そして映画とは異なる結末を確認すべき義務もあると思っています。

今回の古田さんのインタビューは他の方々と異なり、古田さんが一貫してちくさ正文館という現場におられたこともあり、どちらかといえば、それこそ古田さんとちくさ正文館の話に終始できたことを慶賀とし、これで終わらせて頂きます。

古田さん、長時間有難うございました。

付録　1〜4

1　書店現場の未来像を考える

一〇年前の一九九九年夏、NR三〇周年を祝して知多半島の「まるは食堂旅館」で開催された合宿勉強会に、地元書店として参加させていただいたことがあった。その際、「かつてより書店独自企画のブックフェアが減り、出版社連合、オプション付きのブックフェアが多くなってしまっている」というお話をした。

ここ数年は「検索」批判を言い続けている。検索やデータに頼り、接客を疎かにするケースが当店でも日常で、厳重に注意をしている。即効性のある処方箋は思いつかない。図書目録の引き方も知らないアルバイトでも、検索の仕方だけは即マスターする。売場担当も注意をしない。瞬時に画面に結果が出たことを、自分の努力と思い違いしているように見られる。そのくせ、店頭で積極的に探そうとしない。使用法を間違えていることに気付かせるよう、指導することが書店の接客環境の悪化の歯止めになる。

もっとも、本を熟知している店員がサブとして検索を利用すれば、有用であることは前提として。

＊

本屋共通の悩み――。せっかくやる気ある新人社員が入社しても、かつてより営業時間が長くなり、受け持ちジャンルも多く、店員同士で情報交換する時間も乏しい。他店との交流も少ないという。「書店員のすすめる××本」が大はやりなのは、その代償行為だとする説は理解できる。誤解を恐れずに言えば、受け持ちジャンルが多いのは、それだけ直接に受け持つ、近接、遠接ジャンルを知る絶好のチャンスである。もちろん、専門家の意見を直接聞くことで得られる内容の深さとは差がある。しかし、自力で掘り下げなければ、本当の力は身につかない。

＊

私が勤務する書店は、伝統的に店長で現場を兼ねるのが当たり前である。大型店が稀な時代に、一八〇坪の売場の半分以上を人文書、文芸書で構成していた（学参、コミック、文具は近くの支店に在庫している）。掛け持ちが当たり前。解らないことだらけであった。年間出版点数が二万点台をキープしていた頃。

今回改めて、一九七七年の新泉社の図書目録を取り出してみた。巻末の常備店一覧を見ると、当店が中部地方で唯一、ゴチック表示（ほぼ全店在庫）になっていた。全く忘れていたわけだが、当店の環境は、私の入社以前にすでに完備されていて、私はそれを当然のようにして、日常仕事をしていたことになる。

経験を次世代に伝えることは重要。有害にならない経験だけを。私がすでに現場にいたときにはまだ生まれていなかった、今がスタートの若い可能性ある人たちと、現在の問題を共有化していけるか。また、同じ目線で、二〇〇九年型の書店をデザインしてゆくことを提案できるか。NR創立時の出版社の方々、もちろん現メンバーの方々も、同様な気持ちを持ち合わせていらっしゃると思う。

＊

当店の八月期の総合一位は、加藤陽子『それでも、日本人は「戦争」を選んだ』（朝日出版社）である。九月も引きつづき同ペース。

九月一四日に入荷した、竹内一正『グーグルが本を殺す』（飛鳥新社）をデジタル音痴なりに読んでみる。「企画や新人作家の発掘、「こいつは売れるんじゃないか」というカンを働かせること、これらは人間にしかできないアナログ的なことです」と著者は言う。だが、残念なことに書店の役割については全く触れられていなかった。出来上がった本を選択し、店頭に並べることは完全にアナログな作業である。書店の未来像に踏み込んでほしかった。

九月某日、「ウィリアム・ケントリッジ――歩きながら歴史を考える　そしてドローイングは動き始めた……」を京都国立近代美術館へ観にゆく（東京、広島巡回予定あり）。南アフリカ生まれ、日本初の個展。脱西欧中心主義を前面に、木炭とパステルのドローイングを一コマ撮り、三五ミリ（デジタル上映）アニメーションに強い感銘を受ける。会場に釘付け状態になる。モーレツな知的刺激をうける。プリミティブで大胆なタッチで表現的なわかりやすさが、デジタル社会批判の有効な成功例を可能にしている。私は芸術書の担当でもあるから、ケントリッジの画集を注文。思わぬ発見であった。

同日、ギャラリーテラで開催中の「hands――響きあう手」に立ち寄る。大友良英と竹紙作家・菅野今竹生の初コラボレーションを小林正が映像化展示。竹紙を漉く音と大友のギターを再編集。ピュアーな世界を体現。数時間前のケントリッジ体験が体内でゆっくり中和される。

大友さんについては、昨年（二〇〇八年）、山口情報芸術センターで開催された「大友良英 ENSEMBLES 展」にも訪れたが、そのチラシにこうあった。

「鼓膜と発音源の間になんの空間もない音楽のあり方ではなく、空間やノイズをもう一度とりもどすこと」

いまの書店の現場が忘れてしまっているものと重なると思うのは、私だけだろうか。

（『NR出版会新刊重版情報』発行NR出版会事務局、二〇〇九年一〇月二〇日発行）

2　店頭の日常こそがライブ!!

ちくさ正文館本店は、名古屋駅から地下鉄で約一〇分、千種《ちくさ》駅前のビジネス街にあります。書籍のウエイトの高い店で、なかでも大きな特色は、二階建て一五〇坪の店舗の一階部分に人文書のフロア三〇坪が独立店舗のように広がっていることでしょうか。フロアの壁面は、細かい棚割でぎっしりと人文書や文学書が納まっていて、顧客の目を捉えて離しません。今回、同店の店次長の古田一晴氏が〈店売管理〉部門を受賞されました。人文書コーナーを二十数年にわたって〝磨き上げてきた〟古田次長にお話を伺いました。

（インタビュアー・大津なほ子）

――〈店売管理〉部門のご受賞、おめでとうございます。

古田　ありがとうございます。僕は単に自分の興味の赴くままにやってきただけなので、まさか賞をいただくとは思ってもみませんでした。僕への選評に「人文書中心に販売管理を実施し、店頭演出に能力を発揮」とありましたけれど、僕としては棚管理しているだけで演出しているとも考えていませんでした。

――戸惑いを先に感じられた？

古田　ほかの受賞者の方と表彰式でお会いして、みなさん、本当に「プロの書店人」だなって思ったんです。僕も長く本屋にいますが、みなさんの仕事への入れ込み方にはとてもかなわないと圧倒されました。元々、売れもしない自主映画の企画とか、そんなことばかりにしか興味のなかった人間です。ふとしたきっかけでこの業界に入って、人様に本を売ってまともに仕事をする、しかも、こんなに長年続けるとは思っていなかったです。

――書店に入られてどのくらいになりますか？

古田　二〇年を過ぎたあたりから数えるのをやめました（笑）。かえって恥ずかしいです。二十数年もやってきて、何をやっているんだと言われそうで…。この間培ったノウハウが全部現場で通用するかと言うと、そうではない。〝今〟に合わせてモデルチェンジをしていかなければならないことがたくさんあり、それができなければ売る現場にいる意味がないと思います。

――ずいぶん変わりましたか？

古田　この頃では書き手も読み手もすべて、僕よりも年下の人が中心になってきました。ちょっと前までは、大半の人が僕より年上の世代でしたのに、ここ五、六年で完全に逆転しましたね。人文書の棚も世代交代が進んでいますよ。

インターネットの読者が一番

――人文書のフロアは一見、独立店舗のようですね。

古田　なぜだか、こういう造りになっていますね。棚構成も人文、文学などで独立した世界かもしれません。例えば、歴史の入門書などで実用書の出版社から出ているような本は、このフロアには置いていません。よく大型書店では人文書の棚にそういった本や、歴史小説、歴史エッセーまで広く展開していますね。当店ではそれらは別の棚に配して、人文書フロアの棚には入れません。

――こだわりの部分ですか。

古田　専門家が書いた本とそれ以外を分けた方が、顧客にとっても良いのではと考えていますから。でも、周辺地域に大型書店が増えている今、現状どおりの展開でいいのかな、という気持ちも少しはありますね。

――書店地図にも変化が？

古田　名古屋市内にも六〇〇坪を超す大型書店が最近できました。当店に来てくれていたお客様の中で、流動層のお客様はやはり、利便性の高い場所の大型書店へと行きますので、影響は受けています。人文書でも、売れ筋の作家はたくさんいますが、そういう作家の本は、さまざまな本屋でも手に入ります。そういった分野の手応えが落ちていますから、当然、よその店へお客様が流れているのでしょう。それにどう対抗していくかが、将来にかけての課題です。

――方向性は見いだしましたか？

古田　結局、今までやってきたことをより鮮明に打ち出していくことかなって思います。それに加えて、うちから何か発信しないといけない。もちろん、口コミで「あの店に行けばちょっと面白いよ」と言ってくれる人がいるのは有り難いんです。ただ、それだけに頼るのではなく、口コミにプラスアルファ、面白さもこちら側も作り、打ち出していく時期に来ているのでしょう。

名古屋の広さがちょうどいいフェア

――ちくさ正文館としてどのようなことを打ち出していくのですか？

古田　単に、「在庫をこれだけ抱えているのでどんな注文にも応じられます」的なものでは、大きい書店に負けます。そこで考えを変えます。例えば、インターネットで書籍を購入する人は、本屋にとって一番大切なお客様だと思います。恐らく、行く時間がないとか、近くに面白い本屋がないからインターネットで探すといった人達です。彼らは一体、どんな面白さを求めているのかを考えるのです。そして僕なりに考え、企画・展開してきたことがあります。

――どのような内容の企画ですか？

古田　トーハンさんが選評で言ってくれた「現在から将来にわたって最も重要と思われる作家、アーチストなど多面的に紹介する企画を継続して行っている」ということです。

――ブックフェアですね？

古田　そうです。ここ五年間に開催したのは、寺山修司や澁澤龍彦、短歌絶叫コンサートの福島泰樹、武満徹等をテーマにしたフェアです。

――多面的に、とはどんな方法で紹介したのですか？

古田　例えば寺山修司の舞台のビデオやＣＤなど、必要ならば一緒に展開して、全体像を見せます。また、名古屋市内の映画館や劇場で、寺山修司の映画や芝居を上演する話があれば、同時期に連動したイベントとして開催します。

――映画や芝居は、ちくさ正文館が主催するのですか？

古田　いえ、地元の人同士が協力しあうのです。あなたの所で芝居をやり、別の人が映画を上演するなら、書店店頭でもそれを軸にフェアをやろうか――といったコミュニケーションから生まれるブックフェア企画も多々あります。市内の数カ所で同じテーマで表現方法の違うイベントを同時に行っている展開って、とっても面白いじゃないですか。

――それぞれ、どんなテーマで展開したのか教えてください。

古田　寺山修司は芝居、映画等の上映と絡めましたが、彼の著作を中心にするのか寺山論のような周辺本にスポットを当てるのか、寺山修司関連に資料を総ざらいして切り口を考えました。澁澤龍彦も市内で行う芝居や講演会との連動で、著作展を開催しました。絶版の本もリストアップし、知人に頼んで所蔵の本を借りて展示しました。

――福島泰樹さんは都内の漫画専門店でコンサートをしていましたね。

古田　名古屋ではライブハウスで行いました。当店では短歌絶叫コンサートのビデオを流し、ブックフェアをしました。店にライブを行えるスペースがあれば、とっくにうちで開催していたでしょうが……。そうなったら面白いでしょうね。活躍中の作家やアーチストは、過去の実績でなく、彼らの〝今〟にウエイトを置きます。武満徹さんなど亡くなった方の場合は、意外と知られていない側面にウエイトを置きます。

――印象深いフェアはどれですか？

古田　作家やアーチストではありませんが、歴史書懇話会の記念フェアを平成六年一〇月、一カ月にわたって開催しました。歴史書五千点の大がかりなものです。普通の規模の本屋が行うにしては最大規模のフェアで、人文書のフロアだけでなく、全店をあげてのイベントになりましたね。このとき、売上げの高かったのは外商でした。

――今後のフェアの予定は？

古田　今秋「演劇とダンスによる国際共同制作作品」とのジョイントブックフェアを企画中です。お互いにこの土地にいるんだから、面白いことを地元でやろうよっていう、人のつながりで生まれてくるものです。こんな展開方法って、名古屋くらいの広さだからできることだと実感します。

必ず一カ所は客と合致する工夫を

――面白さを仕掛けたことで、客層に変化はありますか？

古田　面白さの仕掛けってことでは、フェアだけにこだわっている訳ではないんですよ。基本的に、日常の店頭の見せ方を間違えると、お客様の店への印象が間違ったままになります。そうなると、せっかくのフェア展開での反応も違ってきます。普段からの印象づけを大切にしています。

――棚を見てにやりとしてるお客様がいましたが、品揃えに秘密が？

古田　お客様と棚のどこか一カ所でも方向性が合致すれば、印象づけになります。それだけに、僕は品揃えや、この本の横にこれを……といった並べ方など、どの棚も印象づけできるように仕掛けをしています。それが毎日の仕事です。店頭の日常こそが、ライブみたいなものですよ。かと言って、突出した棚づくりとは違います。平均点をいつも保つようにと思っています。

―― コツはこれまで培ったキャリアだけではないんですね。

古田 そうです。常に今が新鮮という好奇心が第一。自分が飽きたら、お客様も「つまらない」と思われます。だから自分の好奇心やテンションを落とさないように気をつけています。

―― ほかに書店人として大事にしていることは?

古田 若いお客様です。これから何十年も利用してもらいたい。学参なども大事な分野ですが、高校卒業で一度終わります。〝大人として読む本〟というつき合いになってからが長い。ですから、初めて来た若い大人のお客様に、他店と一緒だと思われたら悲しいです。ちょっと本屋へ行こうという時に、思い浮かべてもらえない本屋になったら終わりでしょうね。

―― 棚を見てもらえば、必ず思い浮かべてもらえる店に?

古田 とりあえず、棚のどこかに合致するものが一カ所はあると思っています。

（『書店経営』「書店従業員プロフェッショナル表彰者に聞く」二〇〇〇年八月号）

3　本屋の本音（『朝日新聞』夕刊）

長谷川郁夫さんの仕事

長谷川郁夫さんが『美酒《びしゅ》と革嚢《かくのう》　第一書房・長谷川巳之吉』（河出書房新社）で芸術選奨文部科学大臣賞を受賞された。明るい話題に乏しい出版界、とくに長期低迷する硬派文芸書での快挙である。

ほかにも小川国夫『随筆集　夕波帖』（幻戯書房）の編集、自著『芸文往来』（平凡社）の刊行、堀口大学『季節と詩心』（講談社文芸文庫）の解説と年譜の執筆など、自ら起こした小沢書店時代の体験を生かした好企画が続く。

『小川国夫全集』の刊行を機に小沢書店のPR誌「ポエティカ」を創刊したのは一九九一年。巻頭対談の相手は埴谷雄高。題字は吉田健一、表紙装画は三好豊一郎と、細部にも長谷川さんのこだわりがあり、PR誌以上の充実した内容だった。

小店が一九七九年に「加納光於・馬場駿吉――ブックワークとその周辺」展を開催した際には、『定本　吉田一穂全集』（小沢書店）の見本刷りを特別出品していただいた。日本書籍出版協会の造本装幀コンクールで入賞した同全集について長谷川さんは『芸文往来』で振り返っている。「装本に関する限り、戦後の印刷技術の最高水準にある、と昔も今も思っている。……これに匹敵するものはない」

（二〇〇七年四月二〇日）

出版相次ぐ澁澤龍彦　没後二〇年

この八月五日で澁澤龍彦が没して二〇年になる。昨年から幅広い業績を新たな角度から見直す出版が後を絶たない。

大著『書物の宇宙誌　澁澤龍彦蔵書目録』（国書刊行会）、『澁澤龍彦の古寺巡礼』（平凡社）、『快楽図書館』（学研）、文庫版『裸婦の中の裸婦』（河出書房新社）。刊行が遅れているが、巖谷國士編『完全年表読本・澁澤龍彦』（同）も予定されている。

没後二〇年に合わせた澁澤展の巡回が四月に始まり、芸術新聞社の雑誌「アート・トップ」第三号が特集を組んでいる。同展の図録『澁澤龍彦幻想美術館』（平凡社）も出版された。

残念なことに同展は東海地区を回らない。中京大学のギャラリー、C・スクエアが六月二五日から「澁澤龍彦と堀内誠一　旅の仲間展」を開くのが当地では唯一だろうか。

一九九二年一一月に小店が開いた「澁澤龍彦著作展」を思い出す。野外劇『高丘親王航海記』（天野天街、脚色・演出）が白川公園で上演されるのを記念した企画だった。『澁澤龍彦ベルメール論集成』（ガリレア・アミカ）の編者、岡田邦雄氏に協力いただだいた。楽日には龍子夫人や故種村季弘氏ら澁澤ゆかりの方々の訪問を受けた。（二〇〇七年五月三一日）

由良君美のこと

『新潮』（三月号）に一挙掲載されて話題になった四方田犬彦の『先生とわたし』が単行本化された。「先生」とは由良君美。「ヨーロッパ幻想文学の三巨匠」として仏文学の澁澤龍彦、独文学の種村季弘とならび称された英文学者だ。

大学紛争末期に東大に入学した四方田は、由良のゼミで、それまでのアカデミズムでは考えられなかった横断的講義に接することで成長する。四方田の世代がニューアカデミズムの中心になる前史が生き生きと回想される。師弟関係破綻《はたん》の物語ではあるが、由良の師である西脇順三郎の存在に言及し、由良の父について語る章を配することで豊かな内容になっている。

一九八三年から青土社が由良君美の著作を集中的に刊行した。『風狂虎の巻』『椿説泰西浪蔓派文学談議』『みみずく偏書記』。さらに『ディアゴロス演戯』など。しかし学術文庫で入手できた『言語文化のフロンティア』を含め、すべて絶版状態だ。由良と四方田が共訳したコリン・ウィルソンの『至高体験』は河出文庫に収められているが、澁澤、種村に比べて再刊・文庫化の遅れを痛感する。

『先生とわたし』のもうひとつの物語、由良の父哲次の物語については次回。

（二〇〇七年六月二八日）

再び由良君美のこと

四方田犬彦『先生とわたし』（新潮社）の第三章「出自と残滓」は、由良君美の父、哲次の足跡をたどる。哲次は京大で西田幾太郎、田辺元のもと歴史哲学を修め一九二八年にべルリン留学。戦中のナチズム寄りの発言のため戦後は公職を退き、考古学や中世史の研究と浮世絵などの美術品収集に没頭した。没する前年の七八年、曾我蕭白の傑作「美人画」を含む膨大なコレクションを奈良県に寄付した。

蕭白は六八年に「美術手帖」に連載された辻惟雄『奇想の系譜』（ちくま学芸文庫）で〝発掘〟された。今年一月刊の狩野博幸『曾我蕭白』（臨川書店）では伊藤若冲以上の評価がなされている。哲次の驚くべき先見である。

一九八一年、君美は初の渡航を体験する。父の浮世絵の一部がボストン美術館へ寄贈されることになり、イェール大学から講演を頼まれたためだ。四方田は「哲次にどれほどのものを負うていたか（君美は）語っておくべきであった」と書く。病床で執筆を予定していた「由良哲次伝」は日の目を見ることなく君美は九〇年に没してしまう。『みみずく偏書記』（青土社）のあとがきに「フルレングスの本は六十歳を過ぎてからにするつもり」とあるのを読む。

（二〇〇七年七月二六日）

矢野峰人70年の足跡堪能

「矢野峰人選集」（国書刊行会、全三巻）の刊行が六月に始まった。一九一九（大正八）の『黙禱』から一九八八（昭和六三）年『飛花落葉集』まで、七〇年におよぶ学匠詩人の足跡を堪能できるよう、ジャンルごとに再編集されている。単行本未収録作品も多い。なかでも第二巻に予定されている「日本におけるボードレール」は長らく待たれていた。

矢野峰人を知るきっかけは河北倫明の名著『青木繁』（角川書店版）だった。蒲原有明が青木繁の重要な理解者であると知り、近代評伝文学の傑作として必読書化していた矢野の『蒲原有明研究』（国立書院、現在は日本図書センターの新訂版がある）を早々に古書で入手した。そこで矢野がたびたび引用する蒲原の『夢は呼び交わす』は一九八四年、岩波文庫におさめられた。

この五月『アーネスト・ダウスン作品集』が岩波文庫に加わった。南條竹則編訳。このイギリス一九世紀末の詩人・小説家のことは、矢野の『英文学夜話』（研究社）に再録された「ダウスンの恋」で知った。南條は矢野の名訳「シナラ」を文庫解説中に全文引用している。若くしてマリオ・プラーツ『肉体と死と悪魔』の共訳者に名を連ねた南條の快挙である。

（二〇〇七年八月三〇日）

清水俊彦さんと篤いジャズ詩集

この五月二一日、清水俊彦さんが亡くなった。三重出身のモダニズム詩人北園克衛に師事。生前、一冊の詩集を残した。一般的にはフリージャズからポストニュージャズの理解者、精神的支柱として、多くの著作を通して知られている。

詩集『直立猿人』（書肆季節社）は一九八八年の刊行。五八年から六三年までの詩作を収録している。フリージャズ前夜の熱いジャズを圧縮した詩集なのが意外であった。

浅川マキのアルバム『闇のなかに置き去りにして』（一九九八年、東芝ＥＭＩ）は『直立猿人』より二作を原作に浅川が作詩している。「別離」は「一本の毛髪にぶらさがる記憶のように」、「無題」は「心の中のアメリカ・一九六〇年」をそれぞれもとにしている。後者はピアニスト渋谷毅の作曲・伴奏を得て絶妙のポエトリー・リーディングに仕上がっている。

『直立猿人』に「信条のサンドイッチ」がある。「潜在意識の化身であるジャンヌ・モロオよ／謎の微笑をもったメランコリック・チャイルドのモニカ・ヴィッティよ／彼女らはたえず何かを夢想している……」。七月末に亡くなったミケランジェロ・アントニオーニ監督の映画『夜』をモチーフにした一編だ。

（二〇〇七年九月二七日）

詩人清水俊彦の音楽批評

詩人清水俊彦の音楽批評家の側面は、『ジャズ転生』（晶文社）や『ジャズ・アヴァンギャルド　クロニクル1967〜1989』『ジャズ・オルタナティヴ』（いずれも青土社）などで知ることができる。終始現場と向き合い、新しいミュージシャンへの適切な助言を絶やさなかった。

『ジャズ知られざる名盤ベスト1000』（学研）ではフリージャズを担当。『ユリイカ』（七月増刊号）が特集した大友良英の「グラウンド・ゼロ」をベスト三〇の一つに選び、「呑気《のんき》なかったるい音で迎合することなく、意図的に軋轢《あつれき》を創り出し既成の音楽スタイルに風穴を開けている」とコメントした。

大友は近作「ONJO／LIVE」の自筆ライナー・ノートの追記に「いろいろな事情でわたし自身が厳しい立場に立たされたときは、先生の存在、言葉が心に沁《し》みた」と記す。この二月、名古屋・TOKUZOで上映された青山真治監督の『A・A』には、清水、大友が共にキャスティングされていた。

また、多和田葉子とのコラボレーションでも知られるドイツ在住のジャズピアニスト、高瀬アキの最新作「サムシング・スウィート、サムシング・テンダー」は清水俊彦追悼盤である。

（二〇〇七年一〇月二五日）

永江朗の現代版「暮しの手帖」

自称、ラジカルな生活保守主義者、永江朗の『暮らしの雑記帖　狭くて楽しい家の中』（ポプラ社）は、現代版の『暮しの手帖』である。「食」「住」「衣」の日用品を、ブックダーツからディパック使用マナーまで、モノフェチに堕《お》ちず、優劣の基準を「使い勝手の良さ」に定める。庭木の手入れがうまくゆかないとプロに習いに行く。ガーデニングを介したコミュニケーションが、「安心感」「安定感」の範囲を我が家から街全体に広げてゆくこともあると語る。体験と生活感が密接なので視点にブレがない。

朝日新聞『論座』（二〇〇七年四月号）の「それでも本屋が好きなのだ」で永江は、小店を含む三軒の本屋の名前を挙げて、八〇年代のいい本屋の評価軸は人文書の扱いにあったと対談を切り出している。話はその後、本屋の様変わりに進むのだが、かつて永江は、筑摩書房『頓智』（一九九六年三月号）の本屋特集で「ニューウェーブは名古屋から」のインタビューと構成を担当し、「めったなことじゃ曲げない頑固一徹」と小店を評した。

今回それをそのまま『暮らしの雑記帖』に当てはめよう。頑固さとマニアックにならない生活への愛情がほどよくブレンドされた刺激的な好著である。


（二〇〇七年一一月二九日）

ジャズのセンス　開花の記録

ニューオーリンズ・ジャズ、クラリネット奏者の伝記『ジョージ・ルイス』（ドロシー・テイト著、小中セツ子訳）が出版された。大阪在住のSF作家、掘晃氏のソリトン・コーポレーションからの発行。

曾祖母ゼイアーは、一八〇八年、西アフリカのセネガルから奴隷船でニューオーリンズに連れてこられた。ルイス少年は、祖母ユラニア、母アリス、ともにキリスト教信仰の篤《あつ》い厳格な家庭に育った。父ヘンリーの存在も大きかったようだ。ヘンリーは、まだ一〇歳であった我が子に「人を傷つけることを恐れる鋭敏な感覚」と「他人の痛みを感じる能力」、つまり後年花開く音楽的センスを見いだすのである。

少年の精神形成を精査した効果が後半に生きる。初めてクラリネットを手にした一〇歳までを描く筆者の筆が冴《さ》える。

名古屋在住の今高英一氏が解説を書いている。それによると、一九六三年から三年間に三回、「G・ルイス・アンド・ヒズ・ニューオリアン・オールスターズ」として来日している。延べ観客動員数一〇〇万人には驚く。六五年の名古屋市公会堂の際に持病で入院したが、ツアーは続行され、中途から再び参加したという。

（二〇〇八年一月三一日）

岩田信市　歯切れが良い芸術論

「岩田信市　美術の楽園」が名古屋市美術館で開催中だ（三月二三日まで）。ポップアートパラダイスと副題にある通り、今回は絵画に限定した展覧会だ。その岩田氏について教えてくれる企画を組んだ本がタイミングよく出版された。

新宿書房『見世物』四号は、見世物学会名古屋総会であったトーク「大須演芸場とロック歌舞伎・大須オペラ」の全編を再録している。「芸術は見世物である」とマジメに語る岩田氏の姿勢は圧倒的である。

日本ナショナルトラスト『自然と文化』七七号は、本人が執筆した大須オペラに至る小史「大須観音とスーパー一座」を掲載している。ここでも岩田氏は、「直輸入の猿真似《さるまね》をやめて日本化すればいいだけ」と歯切れが良い。大須オペラ誕生の背景や綿密な演出について熱く記している。

会期中の二月二三日と三月二日に映画「大須パラダイス」が上映される。ロック歌舞伎のパイロット版として一九七七年に制作された。撮影を担当したのは、七〇年代のアングラ映像界を代表するフィルムメーカー、岩田雄二。血縁にあらず。フィルム・シンジケートという製作者名で卓越した映像作品を残し、昨年七月に急逝した。

（二〇〇八年一月三一日）

目覚ましい大谷能生の活躍

このところ、音楽家であり批評家である大谷能生《よしお》の活躍が目覚ましい。菊地成孔との数々の共著や川崎弘二『にほんの電子音楽』（愛育社）への協力で知られるが、昨年秋、待望の評論集『貧しい音楽』（月曜社）が出た。

「われわれは、まだ現在の技術体系が持っている固有の線分を、未来へと向かって正しく開いてゆく概念を形成し終えていない」と若き大谷は記す。レコード発明以降のあらゆる録音・再生形態を批評する意思の表明であり、発掘された武満徹のテープ音楽の分析などを同著で試みている。今年創刊された批評雑誌『レビューハウス』では、「これまで一〇〇年にあった音楽の外《そと》」にある日本のCD作品レビューに着手した。

三月に新刊が二点刊行される。『大谷能生のフランス革命』（以文社）は岡田利規や堀江敏幸ら一三人と交わした対談イベントのドキュメント。『マイルス・デューイ・デイヴィスⅢ世研究』（エスクァイア・マガジン・ジャパン）は菊地成孔との共著で八〇〇ページの大部だ。

名古屋では三月から七月まで四回、「二〇世紀の歌と抽象　ポピュラーミュージックとジャズ」と題したレクチャーが中区新栄のカフェ・パルルで催される。

（二〇〇八年二月二八日）

気鋭の批評家二人　相次ぎ刊行

批評家の佐々木敦が久々に新雑誌『エクス・ポ』（HEADZ）を創刊した。フルカラー一六ページ。円城塔、ジム・オルーク、古川日出男、東浩紀、万田邦敏らを登場させ、ノンボーダーな編集、極小活字で記事を満載している。

初の文芸批評集『絶対安全文芸批評』（INFASパブリケーションズ）も出た。ゲスト対談は『早稲田文学』の市川真人と。市川は「わたくし率　イン　歯――、または世界」を載せて川上未映子を文壇デビューさせた編集者。同誌のフリーペーパー版を発刊し、本誌は次号からサブカルチャーを特異とする太田出版を発売元に読者開拓を試みる。文学シーンの活性化に意欲的な二人の対談である。

その市川による前田塁名義の『小説の設計図《メカニクス》』（青土社）は六人の現代作家を扱う初の批

評集だ。松浦理英子の章で市川は「言葉を運用することがいかに空《むな》しい交換手段でしかなく、しかし言葉とともにしか私（たち）は語り語られることができない」と立場を明確にする。川上未映子と交わした芥川賞受賞直前の対談（『読書人』二月八日号）で、「作家は物語から見れば使い捨て」と川上に語らせていることに符号する。（二〇〇八年三月二七日）

4　アングラ三人座談

「名古屋の街をおもしろがる〜第二部・超過激！　名古屋アングラ文化の源流をさぐる」[1]が17日（二〇一〇年四月）、名古屋市東区の撞木館で芥川賞作家／諏訪哲史さんの司会により、七ツ寺共同スタジオ代表／二村利之さん、千種正文館店長／古田一晴さん、名古屋シネマテーク支配人／平野勇治さんが出演して行われる。「文化不毛」と揶揄された名古屋で三十年余にわたりシコシコ〝アングラ文化〟に携わってきた三氏の功績、歴史についてはの当日の座談の〝お楽しみ〟にしていただくことにして、今回は三氏にその〝前史〟と〝総括〟を語ってもらった。

二村利之　一九六九（昭和四四）年、名古屋タイムズに入社し、文化部に配属され、感心のあった演劇現場に立ち合ったりしているうち、東京の劇団・黒テント（佐藤信主宰）の名古屋公演受け入れ役をやるハメになったのがきっかけ。黒テントはその前、名工大では大学側に阻止されたりで場所探しは大変だったんです。

中区・東別院前庭でやったんですが、借りるときは「名タイ」の名刺を使いました。社会的信用があったのです。演目は「嗚呼　鼠小僧次郎吉」で、客はバンバンに入り、それで味をしめ、こういうことをやりたい、と強く思い「それには小屋を見つけよう」と友人らのつてを使って探しました。黒テント受け入れのメンバーで大須の若者が居て「こういう所があるよ」と教えてくれ、社長のところへ交渉に行ったのです。使わなくなった資材倉庫で駐車場にする予定だったんですが、すんなり承諾。ただ、保証人の一人に社会的信用のある人をということで、当時ＣＢＣの管理部長だった人に協力依頼して何とかクリア。それが一九七二年八月でした（七一年二月、名タイ退社）。

次いで芝居小屋への模様替えですが、金もなかったので知人らに呼び掛け、千円ずつのカンパなどで二、三十万円を集めました。うち数人は東区・社会文化会館で「優秀短編映画を観る会」の主催者・名古屋市文化課の職員で、労力提供も受けて壁塗り、照明器具、トイレ設置を行いました。だから「共同スタジオ」にしたのです。

オープン後は「名古屋の大須にヘンな小屋が出来たぞ」という情報が東京などに流れ、当時、群雄割拠のアングラ劇団が公演申し入れをしてきたので、呼び込みには苦労しませんでした。ただ、乱闘ばやりで、こけら落としの流山児祥率いる「演劇団」公演の時には殴り込みがあり、中署にマークされたようです。

古田一晴　僕は滝高校時代から校内で実験映画の上映会をやっていましたから愛知大学に入ってからも日本、米国などの実験映画の上映会をやりました。二村さん、小川克己さん（故人）とは「名古屋自主上映センター」の上映会で知り合い、スタン・ブラッケージ(2)の最初期のまとまったものを上映したり。一九七二年夏、「七ツ寺」がオープンしてから名大映研メンバーで、のちに田中泯(3)の「身体気象研究所」のメンバーになる浜島嘉幸君、大学の友人の林昌一君（故人）と仁村さんの四人で七四年四月「狼少年牙王社」を結成。ジョナス・メカス(4)の「リトアニアへの旅の追憶」で旗揚げします。

一方で、一九七六年十二月、岩田信市さん(5)が岩井通沿いのビルにつくった「大須実験ギャラリー」の運営に参加します。

その間、一九七四年春、「バイト募集」の張り紙を見て千種正文館で働くことになります。同年九月に同店主催で前衛歌人、塚本邦雄の講演会があり、書店の仕事の可能性に興味を持ちました。七八年に一応大学を卒業するのですが、刊行が遅れていた吉田一穂全集の定期購読の申込者を見たとき三分の一が知人で、レギュラーでやってゆけると決めたと覚えています。七九年、店で「加納光於＋馬場駿吉　ブックワークとその周辺展」を開催。それでブックフェアのノウハウを知りました。特に馬場さんにはさまざまなシーンでご教示いただくことになりました。

平野勇治　僕は一九六一年生まれで一番若いんです。激動の七〇年代はフツーのロードショー映画を観て、その後、名画座系の映画を観るようになりました。ただ、次第に飽き足りなくなり当時、熱田区の旗屋シネマなどを借りて〝ジプシー上映〟していた倉本徹氏主宰のナゴヤシネアスト（シネマテークの前身）で映画を観ました。そして活動の手伝いをするようになり八一年、企画したゴダールなどのフランス映画特集を「七ツ寺」でやった時、客がワッと入ったのを見てて「面白い」と感じました。南山大学二年の時でした。倉本氏からは小川紳介(6)の「辺田部落」、土本典昭(7)の「不知火海」を観ろと言われ、それまでドキュメンタリーは観たことがなかったんですが、実際に観て衝撃を受けました。

その頃、新しい海外映画の動向が少しずつ日本に紹介されつつあった。そうした作品の上映場所があったら、と倉本氏が劇場探しを始めました。そんな時、彼がいつも飲みに行く今池・スタービル地下の「六文銭」のマスターが「上が空いている」と教えてくれました。大家さんはかつて「スター劇場」も経営していたのですが、「儲からないから止めとけ」と言われました。映写機、防音材、などの資材に計一千万円以上かかり、倉本氏の名大時代の友人や映画ファンから資金を募り、八二年六月「シネマテーク」開設に漕ぎ着けました。

当時は不入り続きで、倉本氏は「三年持てばいいか」と思っていたらしいです。

"三十年"を振り返って

二村　ここまで長生きできたのは全国的に通用する演目を呼んで、やってきたこともありますが、①北村想、天野天街など各年代に全国的ブランドとして通用する才能が出たこと。それが若い人の目標にもなっていること、②八〇年代半ばから九〇年代は「オストオルガン」主宰の海上宏美のような批評眼のある理論家が出て、前衛的演劇も紹介された。そして観る側から演じる側に変わったり、きちんとリアクションが出来る観客のレベルもキープできたことだと思います。これからもそういう高いレベルを充分継承していきたいものです。

将来、仕掛ける側としては、価値観、方法論を絞り込んでやっていきたい。そのためにも批評紙としての「七ツ寺通信」を活用していきます。また、今年はトリエンナーレが開催されます。スタジオとしても七〇年代に各ジャンルがクロスして光芒を放ったころを試み直しているところです。それが新しい演劇の形づくりにつながればいいと思っています。

古田　私は常にポジションを少しずつ変えていまして、同じ時期に違うことをはじめる癖がある。フリージャズからニュージャズの移行期に立ち合ったり。ジャズも舞踏、映画もそうですが、ずらしていても全部延長線が引けてくる。また、観客も刺激を受ける。作り手が生まれるきっかけになります。

書店、本の世界は大変厳しく、必然性は何か、を突き詰めるしかないと思っています。本屋は絶対残ります。即効性の新聞などのメディアに対し、遅効性の本ですが、不朽のものの鮮度をどう上げるか、の工夫が必要。例えば、昔は晶文社の本が置いてある本屋は信用できるという目安がありましたが、そういう本屋は様変わりした。役割は終わったと言えるでしょう。そして今、では次のものを出せるか、と問われているのですが……。

平野　ミニシアターが八〇～九〇年代に成立したのは、西武セゾン系が一九七九年、スタジオ200を作ったことに象徴されるように消費とアート・映画が結び付いた。映画が消費のステージに上がったことが大きいと思います。

今ではその時期の熱気や観客の関心も薄くなって、厳しい状態が続いています。ただ、僕は二〇年単位ぐらいで波が来ると考えていて、そろそろ次の動きが出てくるのでは、と思っています。世界中で映画は作られているのに、一部しか見られていない。一瞬の消費で終わってしまう映画に飽き足らない作り手も観客もいるはずですからそこに賭けていきたいですね。

（聞き手・構成　鬼頭直基）

（1）四月一七日午後六時開演。第一部は「幻の都市案内『百萬・名古屋』を復刻しよう」（考現学者、岡本信也氏ら出演）入場料千円（要予約）。問い合わせ・シマウマ書房

（2）スタン・ブラッケージ（一九三三〜二〇〇三）米国生まれ、映像作家。四百本以上の作品があり、六〇年代以降、アメリカ実験映画を代表する作家に。妻の出産や腐る犬の死体、検死解剖などの作品で知られる。

（3）たなか・みん、一九四五年、東京生まれ。六五年、東京教育大中退。七八年、身体気象研究所創設。山梨県に研究所移設。映画「たそがれ清兵衛」、NHK「龍馬伝」などに出演。

（4）ジョナス・メカス、一九二二年、リトアニア生まれ。四九年、米国に移住、ハンス・リヒターに学ぶ。「営倉」（六四年）でベネチア映画祭ドキュメンタリー最優秀賞。「リトアニア〜」など日

記映画。実験映画のゴッドファーザーともいわれる。

(5) いわた・しんいち、一九三五年、大須生まれ。五五年、旭丘高美術科卒。六〇年ごろ「ゼロ次元」結成。七九年、「スーパー一座」結成。八八年、大須歌舞伎、九二年、大須オペラスタート。二〇〇八年、同座解散。

(6) おがわ・しんすけ、(一九三五〜一九九二) 東京都生まれ。国学院大卒。一九六〇年、岩波映画へ。六一年、東陽一、土本典昭らと「青の会」結成。六六年「青年の海」自主制作。六八年「日本解放戦線・三里塚の夏」など「三里塚」シリーズ七作。八二年「ニッポン国古屋敷村」など。

(7) つちもと・のりあき (一九二八〜二〇〇八) 土岐市生まれ。早大文化部除籍。一九五二年、日共山村工作隊活動で逮捕。五六年、岩波映画入社。五七年フリーに。「ある機関士」(六三年) でデビュー。「パルチザン前史」(六九年) を経て「水俣—患者さんとその世界」(七一年) 以降は水俣病問題に取り組み十七本を連作。

(『七ツ寺通信+α』13巻、二〇一〇年四月号、共同スタジオ)

あとがき

あとがきに取り掛ろうとしていた、八月十四日にA新聞社のY氏から取材の申し入れがあり、翌日に会う。Y氏は二十年前、名古屋での予備校時代に小店をよく利用されたという。久々に立ち寄り、その頃の印象と全く変っていなかったので、取材を思い立ったという。今でも現場に直接携わる立場、日々マイナーチェンジをくりかえし、店頭の鮮度を保つこと、二〇一三年型ちくさ正文館書店でありたいと思っていた。その原動力は時代とズレることへの不安感と考えていた。この二十年が書店シーンの激変の時代であったなら、なおさらである。

私は日頃から「経験知」を捨てることが「経験知」である、ということを信条にしている。「振り返えらない」ことが現場を活性化する。知識は深めるものと同時に、新しいシーンをひろめるとも思っていた。「二十年変わらない」本屋が理想型なのか、時代おくれなのか。出版界に外部からの本格参入で、出版界が未体験の環境を受けいれざるを得ないとしても。

本は文化財であると同時に商品（メディアではない）である。一点一点がカタチを持った、唯一無二の物である。その集合体が本屋であり、ひとつとして同じ店はない。それらの総体が本のシーンであり、メディアの中にはない。文化財というなら博物館へ直行すればよいか。それを長く引きのばす力は書店にしかない。メディアのできないこと。

ファーストステージと現在が全く切れ目なく配慮下さった、谷口暢宏相談役、正和社長に感謝します。論創社森下社長、小田光雄氏には原稿のおくれを辛抱強く待っていただいた。この企画に誘っていただいた、今泉正光氏にもあわせてお礼申しあげます。

二〇一三年八月

古田　一晴

古田一晴（ふるた・かずはる）
1952年名古屋市生まれ。74年2月15日、ちくさ正文館書店本店にアルバイト入社。78年大学卒。78年9月正式入社。現在に至る。

名古屋とちくさ正文館——出版人に聞く⑪

2013年 9月25日　初版第1刷発行
2022年11月30日　初版第2刷発行

著　者　古田一晴
発行者　森下紀夫
発行所　論 創 社
東京都千代田区神田神保町 2-23　北井ビル
tel. 03（3264）5254　fax. 03（3264）5232　web. http://www.ronso.co.jp/
振替口座　00160-1-155266
インタビュー・構成／小田光雄　装幀／宗利淳一
印刷・製本／中央精版印刷　組版／フレックスアート
ISBN978-4-8460-1272-4　